Das große Leselöwen-Geschichtenbuch

Die schönsten Geschichten aus den
Leselöwen-Büchern zum Vorlesen und Selberlesen
ausgewählt von Jürgen Weidenbach
mit vielen farbigen Zeichnungen
von Ingeborg Haun

Loewe

CIP-Titelaufnahme der Deutschen Bibliothek
Das große Leselöwen-Geschichtenbuch:
d. schönsten Geschichten aus d. Leselöwen-Büchern zum
Vorlesen u. Selberlesen/ausgew. von Jürgen Weidenbach.
1. Aufl. – Bindlach: Loewe, 1988 – ISBN 3-7855-2180-4
NE: Weidenbach, Jürgen [Hrsg.]

ISBN 3-7855-2180-4 – 1. Auflage 1988
© 1988 by Loewes Verlag, Bindlach
Umschlag: Ingeborg Haun
Satz: VORO, Rödental
Gesamtherstellung: Slovart, Bratislava
Printed in Czechoslovakia

Inhaltsverzeichnis

Vorwort 9

Die schönste Zeit im Jahr

Ingrid Uebe: Weidenkätzchen 12
Ingrid Uebe: Der kleine Hase mit den großen
Ohren 17
Ingrid Uebe: Prinzessin Kirschblüte 20
Ingrid Uebe: Das ist ein Osterei! 22
Ursel Scheffler: Der Dieb in der Osternacht . . 26
Ursel Scheffler: Als der Osterhase abgeschafft
werden sollte 28
Ursel Scheffler: Die Osterbacke 32
Doris Jannausch: Der Osternikolaus 34
Doris Jannausch: Der Krampus 36
Doris Jannausch: Eine lustige Fahrt 38
Doris Jannausch: Der kleine Nikolaus 40
Manfred Mai: Höchste Zeit 43
Manfred Mai: Adventszeit 44
Manfred Mai: Eine wichtige Frage 46
Ursel Scheffler: Ein Pantoffel für den Nikolaus . 47
Ursel Scheffler: So eine Bescherung 49
Manfred Mai: 29. Dezember 52
Manfred Mai: Was bringst du mir? 53
Ursel Scheffler: Opa Wolle 54
Ursel Scheffler: Papa kauft den
Weihnachtsbaum 57
Ursel Scheffler: Das Krippenspiel 58

Ich und die Welt

Mirjam Pressler: Dunkel ist dunkel 62
Mirjam Pressler: Zinnsoldaten 64
Mirjam Pressler: Die Prinzessin in der Nacht . 66
Mirjam Pressler: Die Ärgermacher 68
Monika Sperr: Der Krümel 71
Monika Sperr: Mini Man, du kleiner Mann . . . 74
Monika Sperr: Ach, die ist nichts 76
Monika Sperr: Der Angeber 79
Mirjam Pressler: Janni und die neue Oma . . 80
Mirjam Pressler: Der Großmama-Besuch . . . 82
Mirjam Pressler: Moritz und seine Omi 84
Mirjam Pressler: Der Brief 86
Edgar Wüpper: Leckerli 89
Edgar Wüpper: Tumult im Supermarkt 91
Edgar Wüpper: Post vom Bach 93
Edgar Wüpper: Die Glücksschwalbe 95

Irina Korschunow: Keine Angst vor Türken . 96
Irina Korschunow: Der Hund heißt jetzt
Stummel 98
Irina Korschunow: Das Schwimmbad ist für
alle da 100
Irina Korschunow: Ein Schiff im Park 103
Margret Rettich: Die Treibjagd 105
Margret Rettich: Die Kuh 107
Margret Rettich: Der Tümpel 110

Schule und Freizeit

Irina Korschunow: Meine Lehrerin mag
mich nicht 114
Irina Korschunow: Vielleicht wird alles gut . . . 116
Hans Gärtner: Sonderbarer EinkaufsZL 118
Hans Gärtner: Wenn das e und das i
keine Freunde mehr wären 120
Hans Gärtner: Das b und das o 122
Hans Gärtner: Klasse! Eine ABC-Klasse 124
Irina Korschunow: Florian kommt mit zum
Schulausflug 126
Irina Korschunow: Lieber Regen als Stau . . . 128
Ursel Scheffler: Mathematik im Zirkus 130
Ursel Scheffler: Der Zauberer Canini-Canoni . 132
Ursel Scheffler: Barnabas, der Feuerschlucker . 134
Ursel Scheffler: Das Pony Johnny mit dem
Dickschädel 135
Irina Korschunow: Das Auto ist weg 138
Irina Korschunow: Mädchen können
das auch 139
Irina Korschunow: Die Parklücke 141

Spiel und Spaß

Hans Baumann: Neues von der
Affen-Olympiade 144
Hans Baumann: Bubu, der König von Bibilon . 146
Hans Baumann: Das Zirkuszaubererkonzert . 148
Manfred Mai: Wer tut was? 150
Manfred Mai: Der Schwarze Mann 151
Manfred Mai: Bücherwurm 152
Hans Baumann: Ich, der Kasperl, und der
Eiszapfenseppl 153
Hans Baumann: Ich, der Kasperl, und
die Nuß 155

Josef Guggenmos: Was Schönes zum
Wegwerfen 157
Josef Guggenmos: Der Rechte 157
Josef Guggenmos: Riesengroß und
wunderschön 159
Josef Guggenmos: DER, DIE und DAS 160
Manfred Mai: Ein Brüllschwein 162
Manfred Mai: Ja wenn! 163
Manfred Mai: Beweis 164
Hans Gärtner: Kinderwitze 166

Auf vier Pfoten

Gina Ruck-Pauquèt: Flitz, der Goldhamster . 168
Gina Ruck-Pauquèt: Das fremde Tier 170
Gina Ruck-Pauquèt: Die Schildkröte 172
Gina Ruck-Pauquèt: Der Gockel 174
Gina Ruck-Pauquèt: Kleiner Bruder Hund . . 176
Monika Sperr: Sonja weint 178
Monika Sperr: Wie die Wilden 179
Gina Ruck-Pauquèt: Wintergeschichte 181
Gina Ruck-Pauquèt: Moses und der Fremde . 182
Gina Ruck-Pauquèt: Katzenzauber 184
Gina Ruck-Pauquèt: Katz und Maus 185
Anna Müller-Tannewitz: Der rotgelbe Wald . 187
Anna Müller-Tannewitz: Die Treibjagd 190
Anna Müller-Tannewitz: Der weiße Hase . . . 191

Sigrid Heuck: Lilliput 193
Sigrid Heuck: Der schlaue Rico 195
Sigrid Heuck: Das Ponygespenst 196
Ilse van Heyst: Das Kamel hatte Heimweh . . 198
Ilse van Heyst: Lindolf zeigt die Zunge 200
Ilse van Heyst: Oskar, der Gorilla-Mann 202

Wenn es dunkel wird

Doris Jannausch: Nachts auf der Wiese 204
Doris Jannausch: Drei rosarote Ferkelchen . 206
Doris Jannausch: Der Riese Dünnstiel 208
Doris Jannausch: Die Sandmännchenfrau . . . 209
Isolde Heyne: Wenn ein Sandmann
baden geht 211
Isolde Heyne: Der verschnupfte Anton 214
Doris Jannausch: Das Wettrennen der
Schnecken 217
Doris Jannausch: Melonchen und die
Himbeeren 219
Doris Jannausch: Trara, die Post ist da! 221
Alfred Hageni: Der Löwe als Räuber 223
Ingrid Uebe: Finettchen Fledermaus 225
Ingrid Uebe: Hansi Nagezahn 228
Doris Jannausch: Ein seltsamer Fahrgast . . . 230
Doris Jannausch: Das Gesicht am Fenster . . . 232

Quellenverzeichnis 234

Liebe kleine und große Leselöwen,

der Loewes Verlag wird 125 Jahre alt, und ein Geburtstag wie dieser macht uns natürlich alle ein bißchen stolz. 125 Jahre sind eine lange Zeit, in der in unserem Verlag viele Bücher geschrieben und gedruckt worden sind.

Ganz besonders freuen wir uns, daß die Leselöwen-Reihe bei Euch so gut ankommt. Mittlerweile gibt es schon über 40 Titel zu den verschiedensten Themen. Und es werden mit Sicherheit noch viele weitere spannende und lustige Leselöwen-Bücher folgen.

Wir haben nun dieses Jubiläum zum Anlaß genommen, einen extra großen, extra bunten Leselöwen-Geschichtenband für Euch zusammenzustellen, mit dem Schönsten und Besten aus allen Leselöwen-Büchern.

Ihr könnt Euch sicherlich vorstellen, daß das gar nicht einfach war. Bei so vielen Geschichten fiel die Auswahl manchmal ganz schön schwer.

Natürlich mußten spannende Räubergeschichten für Jungen und Mädchen mit guten Nerven hinein. Ebenso die schaurig-schönen Schauer-, Grusel- und Vampirgeschichten – für alle, die eine gehörige Gänsehaut lieben. Und was wäre ein großes Geschichtenbuch ohne Abenteuer von Hunden, Katzen, Vögeln und – na klar, auch Pferden, wie z. B. die Geschichte vom kleinen Pony, das als

Ponygespenst auf dem Bauernhof alle das Fürchten lehrt? Gegen die Langeweile an trüben Regentagen gibt es jede Menge Lustiges und Spaßiges: Wer hat schon mal etwas von einer Affen-Olympiade gehört? Das ist ja zum Lachen! Zum Lachen und Weitererzählen sind auch die vielen Witze und Gedichte. Die Leselöwen-Bücher bieten aber nicht nur Spannung und Lesespaß. Es gibt natürlich genügend „ernste" Geschichten, über die ihr auch mal nachdenken könnt. Die Advents- und die Weihnachtszeit ist für Kinder sicherlich die schönste Zeit des Jahres. Selbstverständlich dürfen da auch nicht all die heiteren und besinnlichen Geschichten fehlen, die den Zauber dieser Zeit der Vorfreude und der Geheimnisse einfangen. Und für die langen und stillen Abende finden sich viele, viele Gutenachtgeschichten – für alle wachen und verträumten Kinder.

Ihr seht, es ist eigentlich für jeden Geschmack etwas dabei. Über 100 Geschichten sind es geworden – zum Selberlesen und Schmökern, zum Vorlesen und Weitererzählen. Und natürlich zum Gucken, denn Ingeborg Haun hat zu allen Geschichten neue lustige und farbenfrohe Bilder gemalt. Vielleicht bekommt ihr ja auch Appetit auf noch mehr Leselöwen-Geschichten . . .

Die schönste Zeit im Jahr

Ingrid Uebe
Weidenkätzchen

Vor vielen Jahren lebte auf einem Bauernhof eine schöne graue Katze. Sie durfte sich überall frei bewegen – im Stall und in der Scheune, im Hof und im Garten, im Keller und auf dem Dachboden. In der Wohnstube hatte sie auf dem Kachelofen ein warmes, gemütliches Plätzchen, und in der Küche stand für sie immer ein Schüsselchen Milch bereit. Sie sorgte dafür, daß die Mäuse im Haus nicht überhandnahmen, und der Bauer war wohl zufrieden mit ihr.

Im März wurde die schöne graue Katze zum erstenmal Mutter. In einer kuscheligen Ecke auf dem Heuboden schenkte sie vier winzigen Kätzchen das Leben.

Das erste war weiß, das zweite schwarz, die beiden letzten waren grau wie sie selbst.

Vier Wochen behielt die Katzenmutter ihr Geheimnis für sich. Sie leckte, wärmte und säugte die Kleinen im duftenden Heu und gab acht, daß ihnen nichts zustieß.

In der ersten Aprilwoche aber spazierte sie mit allen vieren in die Wohnstube, strich um die Tischbeine und schnurrte vor Stolz.

Die Kätzchen gingen zuerst artig in einer Reihe. Doch als sie sahen, daß der Bäuerin ein Wollknäuel vom Schoß gefallen war, stürzten sie sich darauf und begannen zu spielen.

Die Bäuerin lachte, und ihre kleine Tochter Marie, die mit ihrer Puppe auf dem Fußboden gesessen hatte, klatschte vor Freude in die Hände.

Als aber der Bauer nach Hause kam, ärgerte er sich sehr über das, was er in seiner Wohnstube vorfand.

„Das Viehzeug kommt mir sofort aus dem Haus!" rief er zornig. „*Eine* Katze ist gut und schön. Aber auf keinen Fall fünf."

Die kleine Marie weinte, und die

Bäuerin sagte: „Ach, lieber Mann, wir wollen versuchen, die Kätzchen an gute Leute zu verschenken."

„Das ist unmöglich!" antwortete der Bauer. „Jeder im Dorf hat schon wenigstens eine Katze. Ich kenne niemanden, der noch eine haben will."

„Aber schau doch, wie niedlich die Kleinen sind!" sagte Marie. „Was willst du denn mit ihnen machen?"

„Das brauchst du nicht zu wissen!" erwiderte der Bauer. In der Nacht, als Marie schlief, rief er seinen Knecht und befahl ihm, die kleinen Katzen zu töten.

„Steck sie in einen Sack, binde ihn zu und wirf ihn in den Teich hinter dem Dorf!" sagte er. „Die Graue wird sich bald trösten, und auch Marie wird morgen alles vergessen haben."

Der Knecht brachte es kaum übers Herz, die vier Katzenkinder in einen dunklen Sack zu stecken. Aber weil er Angst hatte, daß sein Herr ihn entlassen würde, befolgte er dessen Befehl und machte sich auf den Weg.

Eben zog ein Gewitter herauf, und als der Knecht den Teich erreichte, fiel der Regen wie aus Eimern vom Himmel. Dazu blitzte und donnerte es, daß man ordentlich Angst bekommen konnte.

Der Knecht zog den Kopf ein, denn er trug weder Hut noch Mantel. Kurz entschlossen band er den Sack auf, holte die kläglich maunzenden Kätzchen eins nach dem andern heraus und warf sie schnell in den Teich.

Dann hängte er sich den Sack wie einen Kapuzenumhang über den Kopf

und rannte davon, ohne sich noch einmal umzusehen.

Die vier Katzenkinder schrien und zappelten erbärmlich, als sie ins Wasser fielen und nirgendwo Halt fanden.

Dicht am Ufer aber stand eine alte Weide. Die tauchte ihre langen Zweige ins Wasser und fischte die Kätzchen heraus. Zuerst klammerten sie sich ganz fest, dann kletterten sie immer höher, bis sie in Sicherheit waren. Schwimmen konnten sie nicht, aber klettern konnten sie wirklich schon ausgezeichnet.

Den Rest der Nacht blieben sie in den Zweigen der alten Weide sitzen und fühlten sich ganz geborgen. Das Gewitter zog fort, und der Mond kam hinter den Wolken hervor.

Als aber die Sonne ihre ersten Strahlen auf die Erde sandte, waren aus den vier Katzenkindern Weidenkätzchen geworden. Dicht hintereinander saßen sie auf einem luftigen Zweig und ließen sich wiegen. Zwei waren grau, eins hatte einen weißen und eins einen schwarzen Schimmer.

Seit diesem Tag wachsen jedes Jahr im Frühling auf den Zweigen aller Weidenbäume der Welt die weichen Weidenkätzchen, zum Zeichen dafür, daß einst einer von ihnen vier Katzenkindern das Leben gerettet hat.

Ingrid Uebe

Der kleine Hase mit den großen Ohren

Es war einmal ein kleiner Hase, der hatte schrecklich große Ohren. Nun haben ja alle Hasen ziemlich große Ohren, aber dieser hier hatte die allergrößten, die man sich an einem Hasen überhaupt vorstellen kann. Er mußte sich ordentlich anstrengen, wenn er sie aufrecht halten wollte. Meistens schlappten sie herunter und streiften den Boden.

Alle anderen Hasen sahen ihn höhnisch an und lachten ihn aus. „Seht nur den komischen Kerl!" riefen sie. „Hat man jemals solche Ohren gesehen? Er sollte auf den Jahrmarkt gehen und sich ausstellen lassen. Da würden die Leute staunen."

Der kleine Hase schämte sich sehr. Er wagte sich kaum noch unter seinesgleichen. Weil er seine Ohren nicht verstekken konnte, versteckte er sich am Ende selbst, so oft und so gut es ging.

An einem schönen Frühlingstag hockte der kleine Hase betrübt im dunklen Unterholz und traute sich nicht in den hellen Sonnenschein hinaus. Überall blühten Veilchen und Windröschen. Die Luft war erfüllt vom Zwitschern der Vögel.

Als der kleine Hase schon lange Zeit so gesessen und betrübt hinausgeblickt hatte, sah er ein Kind näher kommen. Das ging ganz allein durch den Wald und weinte. Es war von zu Hause fortgelaufen, weil es glaubte, daß niemand es

mehr lieb hätte. Das Kind war ein Mädchen und hieß Nina.

Nicht weit von der Stelle, wo der kleine Hase im Unterholz hockte, setzte sich Nina auf einen Stein und schluchzte.

Eine Weile hörte der kleine Hase zu. Dann verließ er sein Versteck und tippte das Mädchen mit einer Pfote an.

„Warum weinst du denn?" fragte er.

Nina blickte auf und war gar nicht besonders erschrocken. Sie fand, daß der kleine Hase sehr lieb aussah.

„Ach", antwortete sie, „das ist eine lange Geschichte."

„Erzähl sie mir!" antwortete der kleine Hase. „Ich will dir gern zuhören."

Nina zögerte nur einen Augenblick, dann fing sie an zu erzählen: „Alles begann damit, daß ich heute morgen beim Frühstück meine Kakaotasse umgestoßen habe. Es gab einen großen Fleck auf dem Tischtuch, und meine Mutter jammerte, nun hätte sie noch mehr Arbeit als sonst."

Nina schwieg und blickte den kleinen Hasen unsicher an.

„Und dann?" fragte er.

Da erzählte sie weiter: „Später in der Schule mußte ich immer an meine arme Mutter denken und konnte nicht ordentlich aufpassen. Da schimpfte der Lehrer mit mir." Nina schwieg wieder.

„Und dann?" fragte der kleine Hase.

„Zu Hause beim Mittagessen erzählte

ich, daß der Lehrer mit mir geschimpft hatte. Da wurde mein Vater böse und zankte mich aus."

Mit Tränen in den Augen sah Nina den kleinen Hasen abwartend an.

„Erzähl nur weiter!" sagte er. „Sicher war das noch nicht alles."

Sie schüttelte den Kopf und fuhr fort: „Ich war zornig und traurig, weil mein Vater mich ausgezankt hatte. Da bekam ich Streit mit meinem kleinen Bruder und nahm ihm sein liebstes Spielzeug weg. Er heulte, und als nachmittags unsere Großmutter zu Besuch kam, erzählte er ihr, was ich getan hatte. Sonst liest sie uns beiden immer eine Geschichte vor, aber diesmal durfte nur mein Bruder zuhören. Ich wurde zur Strafe hinausgeschickt. Da bin ich fortgelaufen."

Der kleine Hase legte seine Pfote auf Ninas Hand und sprach: „Es gibt Tage, die fangen verkehrt an und gehen verkehrt weiter. Aber sie können ein gutes Ende nehmen. Geh nur nach Hause! Ich bin sicher, daß dort schon alle auf dich warten."

„Danke, daß du mir zugehört hast", sagte Nina und sah ihn aufmerksam an. „Du hast überhaupt wunderschöne Zuhör-Ohren. Ich kenne niemand, der so schöne Zuhör-Ohren hat wie du."

Da lachte der kleine Hase und freute sich sehr. Als Nina sich getröstet auf den Heimweg gemacht hatte, kehrte er zu den anderen Hasen zurück und schämte sich nie mehr für seine Ohren. Er war jetzt stolz darauf, daß er etwas hatte, das außer ihm niemand besaß.

Ingrid Uebe

Prinzessin Kirschblüte

Es lebte einmal ein alter König, der hatte eine wunderschöne Tochter. Sie war ihm so sehr ans Herz gewachsen, daß er ihr jeden Wunsch von den Augen ablas.

An nichts auf der Welt hatte die Prinzessin so viel Vergnügen wie an schönen Kleidern. Sie zog jeden Tag ein anderes an und wünschte sich immer noch neue dazu. Weil der Platz in ihrem Zimmer längst nicht mehr ausreichte, hatte der König auf dem Flur viele Schränke aufstellen lassen. Darin hingen die Kleider der Prinzessin, Kleider in allen Farben – gestreift, kariert, gepunktet, mit bunten Mustern und Blumen bestickt. Nur im letzten Schrank war noch ein wenig Platz. In kaum einem Monat würde nichts mehr hineinpassen. Aber darüber machte sich niemand im Schloß Gedanken. Es gab ja Flure genug.

Als die Prinzessin siebzehn Jahre alt wurde, sollte ein großes Fest gefeiert werden. Der König lud viele Gäste ein, vor allem natürlich die jungen Edelleute des Landes, mit denen seine Tochter viel Spaß haben würde.

Die Prinzessin wollte unbedingt die schönste Tänzerin sein und überlegte schon viele Wochen vorher, was sie anziehen sollte. Sie ließ den Schneider kommen und seine Stoffe ausbreiten. Sie stellte sich damit vor den Spiegel und probierte, welcher ihr am besten zu Gesicht stand.

Endlich entschied sie sich für einen zarten schneeweißen Stoff und befahl dem Schneider, daraus ein Ballkleid zu machen. Es sollte mit weißer Spitze und weißer Stickerei kostbar verziert werden.

Pünktlich zum Geburtstag hatte der Schneider das Kleid fertig, und es war wirklich so schön, daß der König entzückt die Hände zusammenschlug, als er seine Tochter darin erblickte.

„Ganz wie eine Kirschblüte siehst du darin aus!" rief er. „Wahrhaftig, man sollte dich Prinzessin Kirschblüte nennen."

Die Prinzessin drehte und wendete sich vor dem Spiegel. „Aber was soll ich auf dem Kopf tragen?" fragte sie.

„Nun, dein silbernes Krönchen!" antwortete der König. „Es wird ganz allerliebst zu diesem Kleid aussehen."

„Nein", sagte die Prinzessin, „das silberne Krönchen gefällt mir nicht."

„Nun, dann deinen Stirnreif mit den Rubinen", meinte der König. „Die roten Edelsteine passen vortrefflich zu Weiß."

„Nein", sagte die Prinzessin, „der Stirnreif gefällt mir nicht."

„Nun, so nimm dein Perlendiadem", schlug der König vor. „Die Perlen sind genauso weiß wie dein Kleid."

„Nein", sagte die Prinzessin, „das Perlendiadem gefällt mir erst recht nicht." Sie drehte sich um und lief schnell in den Garten.

Es war ein herrlicher Frühlingstag. Die Beete waren schon bunt, und alle Bäume standen in voller Blüte.

Die Prinzessin spazierte überall herum und ließ ihre Blicke schweifen. Endlich blieb sie vor einem Kirschbaum stehen, dessen Zweige über und über mit weißen Blüten bedeckt waren.

„Das ist es, was ich gesucht habe!"
sprach sie zu sich selbst. „Ich will mir ein
Kränzchen aus Kirschblüten machen
und in mein Haar stecken, wenn die Gäste kommen."

Sie wußte sehr gut, daß man blühende Zweige nicht abreißen darf. Aber das
war ihr jetzt gleichgültig. Sie dachte nur
daran, wie gut die Kirschblüten zu ihrem
weißen Kleid passen würden. Schon
streckte sie ihre Hand aus.

Da ging mit einemmal ein Raunen
durch das Gezweig, und eine Stimme
sprach:

„Prinzeßchen, verschone mich!
Prinzeßchen, hüte dich!
Denn sonst verwandle ich
in eine Blüte dich."

Die Prinzessin schüttelte unwillig den
Kopf. „Was soll der dumme Spruch?"
fragte sie. „Da will mich wohl einer zum
Narren halten!" Sie griff in den Baum

und wollte einen besonders schönen
Zweig abreißen. Kaum aber hatten ihre
Finger ihn berührt, da verwandelte sie
sich in eine Kirschblüte. Zart, leicht und
weiß saß sie zwischen den andern. Man
konnte sie beim besten Willen nicht von
ihnen unterscheiden.

Im Schloß herrschte natürlich große
Aufregung. Niemand verstand, warum
und wohin die Prinzessin verschwunden
war.

Der König ließ das Fest absagen und
saß die ganze Nacht tief betrübt in seinem Thronsaal. Einmal war es ihm, als
ob er von draußen ein leises Weinen
vernähme. Er rief seine Diener und ließ
alle Fenster öffnen. „Woher kommt das
Weinen?" fragte er.

„Es kommt aus dem Kirschbaum",
sagten die Diener. Der König ließ sie mit
Laternen in den Baum leuchten und alle
Zweige absuchen. Doch die Prinzessin
fanden sie nicht.

Ingrid Uebe

Das ist ein Osterei!

Marion wohnte in einem Hochhaus. Sie
wohnte gern dort, weil viele Kinder da
waren. Man fand eigentlich immer jemanden zum Spielen.

Am Dienstag nach Ostern fuhr Marion
mit dem Fahrstuhl aus dem sechsten
Stock nach unten. Es war schönes Wet

ter, und sie freute sich, daß sie noch
Ferien hatte. Sie wollte zum Spielplatz.
Irgend jemand würde schon da sein.

In der rechten Tasche ihres Anoraks
steckten zwei Schokoladeneier, eins war
in Goldpapier und eins in Silberpapier
gewickelt. Das in Goldpapier war mit

Nugat gefüllt, das in Silberpapier mit Marzipan.

Der Fahrstuhl hielt im dritten Stock, und ein Junge stieg ein. Er war ungefähr so groß wie Marion, hatte wellige schwarze Haare und sehr dunkle Augen.

Die Tür schob sich hinter ihm zu. Es ist merkwürdig, wenn man im Fahrstuhl so dicht beieinandersteht und sich nicht kennt. Man weiß nicht, ob man sich anschauen soll oder nicht.

Marion sah zuerst an dem Jungen vorbei. Über seiner Schulter war der rote Alarmknopf. Den starrte sie an. Aber dann ließ sie ihren Blick weiterwandern und merkte, daß der Junge sie aufmerksam musterte.

Marion gab sich einen Ruck. „Bist du neu hier?" fragte sie.

Der Junge nickte.

„Wie heißt du?"

„Demetrios. Und du?"

„Marion. Bist du deutsch?"

„Nein, griechisch. Wir kommen aus Saloniki."

Marion nickte unsicher. Sie wußte nicht, wo das war. Der Junge sprach ebenso gut deutsch wie sie. Er sah nett aus. Sie griff in die Tasche und holte das in Goldpapier gewickelte Schokoladenei heraus, das mit Nugat.

„Das ist ein Osterei!" erklärte sie feierlich.

Demetrios lachte. „Ich bin ja nicht blöd", sagte er. „Und aus dem Urwald komme ich auch nicht." Aber das Ei nahm er an.

Nachmittags guckte Marion im Fernsehen einen Kinderfilm. Da klingelte es. Die Mutter öffnete die Tür. „Hier ist Besuch für dich, Marion!" rief sie.

24

Marion wollte eigentlich nicht gern gestört werden, aber neugierig war sie auch. Sie lief zur Tür. Draußen stand Demetrios. Er hielt ihr ein buntbemaltes Ei entgegen.

„Das ist ein Osterei!" erklärte er feierlich, und dann grinste er.

Marion lachte. „Vielen Dank", sagte sie. „Es ist sehr schön. Hast du es selbst bemalt?"

Demetrios nickte. „Wir bemalen immer alle Eier selbst, zusammen mit der ganzen Familie. Aber dieses hier ist von mir."

„Willst du nicht reinkommen?" fragte Marion. „Im Fernsehen läuft gerade ein lustiger Film. Ich kann dir den Anfang erzählen. Nachher können wir noch ein bißchen spielen."

Sie hockten sich nebeneinander vor den Fernsehapparat.

„Ich bringe euch ein Stück Kuchen", sagte Marions Mutter, als der Film zu Ende war. „Es ist noch Osterzopf da. Wollt ihr Kakao oder Saft?"

„Lieber Saft!" antwortete Demetrios schnell.

Marion nickte. Sie mochte auch lieber Saft.

Nachher spielten sie Mühle. Jeder gewann zweimal. Dann hatten sie keine Lust mehr.

„Hast du ein Kartenspiel?" fragte Demetrios. „Ich kann damit zaubern."

Marion brachte ihm eins und kam aus dem Staunen nicht mehr heraus. Demetrios wußte immer, welche Karte sie gezogen hatte. Dabei ließ sie ihn bestimmt nicht gucken. Einmal zauberte er sogar ein Herz-As hinter ihrem Ohr hervor. Marion war ganz begeistert.

Noch ein bißchen später stellten sie fest, daß Demetrios nach den Ferien in dieselbe Schule und in dieselbe Klasse kommen würde wie Marion.

„Du kannst bestimmt neben mir sitzen", sagte sie. „An unserem Tisch ist noch ein Platz frei."

Demetrios war froh. Das konnte man sehen. „Ja, gern. Es ist nicht schön, wenn man neu ist und niemand kennt."

„Ich weiß!" sagte Marion. „Wir sind auch erst im letzten Herbst hier eingezogen. Da war *ich* neu in der Klasse."

„Hat dir niemand ein Osterei geschenkt?"

Marion lachte. „Im Herbst gibt es doch keine Ostereier!"

Demetrios lachte auch. „Ein Glück, daß jetzt Frühling ist!"

Ursel Scheffler
Der Dieb in der Osternacht

„Gute Nacht, Schnipsel. Sei schön brav! Wir sind bald zurück", sagt Sibylle.

Jens gibt dem kleinen Dackel noch einen Hundekuchen. Sabine krault ihn hinter den Ohren und flüstert:

„Die Terrassentür ist einen Spalt offen! Da kannst du raus, wenn du mal mußt!"

Dann laufen die drei hinter den Eltern her in den Nachbargarten. Dort prasselt bei Ramekens das Osterfeuer, wie jedes Jahr in der Osternacht. Es wird gegessen, getrunken und erzählt.

Alle sind fröhlich.

Nur einer ist sauer: Schnipsel. Er muß allein zu Hause bleiben! Und warum? Nur weil Kümmel, die Promenadenmischung von Nr. 19, vor zwei Jahren beim Osterfeuer die Grillwürste aufgefressen hat!

Auf einmal macht's draußen im Garten „wuff". Schnipsel spitzt die Ohren. Das war doch Bonzos Stimme!

Schnipsel schlüpft durch den Spalt in der Terrassentür und läuft in den Garten.

Tatsächlich, da ist Bonzo. Und Kümmel und Bulli sind auch dabei.

„Was wollt ihr denn hier? Und wie seht ihr aus?" fragt Schnipsel überrascht.

Bulli hat eine Polizistenmütze auf, und um seinen Hals hängt eine Trillerpfeife.

„Wir spielen Hundepolizei!" sagt Bonzo. Seit er vor einem Jahr einen Einbrecher am Hosenbein erwischt hat, ist das sein liebstes Spiel.

„Wir sollten heute besonders wachsam sein! Die Häuser stehen leer, weil alle beim Osterfeuer sind. Das spricht sich bei Gaunern herum!"

Bullis Herrchen ist Polizist. Das färbt ab. Von ihm hat er auch die Schirmmütze und die Trillerpfeife ausgeliehen.

„Sehr wachsam werden wir sein", knurrt Bonzo und fuchtelt mit einer Spritzpistole herum.

„Sehr wachsam", sagt Kümmel wie ein Echo und funzelt mit einer alten Taschenlampe.

„Ich mach' mit!" sagt Schnipsel, und schon ist er durch die Lücke im Zaun geschlüpft.

Eine ganze Weile treiben sich die vier schnuppernd und schnüffelnd herum.

Plötzlich flüstert Bonzo aufgeregt: „Psst! Stehenbleiben! Eine verdächtige Gestalt hinterm Fliederbusch!"

Alle vier halten die Luft an.

Da huscht tatsächlich ein Schatten durch den Garten zu Schnipsels Terrassentür!

„Ein Dieb! Ein Einbrecher!" Bulli hechelt vor Jagdlust.

„In unserem Haus!" japst Schnipsel.

„Zu viert werden wir ihn fangen", sagt Kümmel zuversichtlich.

„Ein schlimmer Bursche. Hat einen Sack oder so was auf dem Rücken! Da will er bestimmt die Beute reintun!" knurrt Bonzo. „Los, Freunde! Mir nach!"

Auf leisen Pfoten schleichen die Hunde im Schatten der Bäume zum Haus. Geduckt zwängen sie sich durch den Spalt in der Terrassentür.

Kümmel entdeckt den Eindringling zuerst.

„Pfoten hoch!" ruft er und läßt die Taschenlampe aufblitzen.

Zitternd und mit hocherhobenen Pfoten steht ein Hase neben der alten Wanduhr.

„Aber ... aber ... ich bin doch der Osterhase!" behauptet er.

„Ich lach' mich tot!" sagt Bulli. „Wer glaubt schon an den Osterhasen? Das ist was für kleine Kinder!"

„Hier ist das Diebesgut!" stellt Kümmel zufrieden fest. Er hebt einen Korb mit Ostereiern hoch.

„Das ... das sind meine Ostereier. Die wollte ich verstecken!" beteuert der Hase.

„Das kannst du Dümmeren erzählen! Letztes Jahr hab' ich einen in den Hintern gebissen, der wollte Teppiche und Silberleuchter verstecken!" prahlt Bonzo.

„Bei uns verstecken die Leute die Eier selber!" sagt Kümmel.

„Aber – die sind doch beim Osterfeuer!" entgegnet der Hase.

„Sie haben die Eier eben vorher versteckt, und du hast sie gerade geklaut! Wir nehmen dich fest!" sagt Bonzo und fuchtelt dem Osterhasen mit der Spritzpistole vor der Nase herum.

„In die Zelle mit dem Eierdieb!" knurrt Bulli und bläst auf seiner Trillerpfeife. Sie packen den Hasen am Genick und führen ihn ab. Vor einer Telefonzelle machen sie halt. Dort sperren sie ihn ein.

Traurig sieht der Osterhase durch die Scheiben, wie sich die „Hundepolizisten" entfernen. Sosehr er sich bemüht, er bekommt die schwere Tür nicht auf. Und was würde es auch nützen? Er hat ja keine Ostereier mehr!

„Das haben wir uns aber verdient!" sagen Bonzo, Billi und Kümmel, als sie vor der Terrassentür schmatzend das „Diebesgut" vernaschen.

Nur Schnipsel hat keinen Appetit. Ihm ist schlecht vor Aufregung.

Und trotzdem fällt am nächsten Morgen der ganze Verdacht auf ihn . . .

„Schnipsel! Hast du den Osterhasen verjagt?" fragen Sabine, Jens und Sibylle enttäuscht, als sie am Morgen keine Ostereier finden.

Und als sie die Eierschalen auf der Terrasse entdecken, sagen auch die Eltern: „Das kann nur Schnipsel gewesen sein."

„Na, so was!" ruft ein alter Mann am Sonntagmorgen verblüfft. Er hält die Tür der Telefonzelle auf und starrt dem Hasen nach, der blitzschnell zwischen seinen Beinen davonflitzt.

„Sieh da, der Osterhase!" sagt er und lächelt dabei, als sei es ein Witz.

Ursel Scheffler

Als der Osterhase abgeschafft werden sollte

König Grips war ein sehr kluger König. Er hatte in sieben Ländern studiert und wollte, daß alle Leute in seinem Land nur Dinge taten, die klug und vernünftig waren.

König Grips hatte eine Frau und einen kleinen Sohn. Der hieß Prinz Fips. Fips wachte morgens immer sehr früh auf. Besonders sonntags.

Eines Sonntags um sechs hopste Prinz Fips bei seinen Eltern auf dem Bett herum und fragte ungeduldig: „Wann

kommt denn jetzt endlich der Osterhase? Wann, wann, wann?"

„Osterhase? So ein Quatsch!" brummte der König verschlafen. „Wer hat dir denn diesen altmodischen Blödsinn erzählt?"

Der Prinz sah auf seine Mutter, die er ebenso liebte wie die Geschichten, die sie ihm abends erzählte.

„Doch nicht etwa du?" fragte der König und saß senkrecht im Bett.

„Es ist aber eine hübsche Geschichte ..." entschuldigte sich die Königin.

„Es ist eine hübsche Dummheit!" sagte der König und runzelte mißbilligend die buschigen Augenbrauen. „Ein Hase, der Eier legt! Solche Geschichten haben sich unsere Großeltern erzählt. Die wußten es noch nicht besser. Aber jetzt sind moderne Zeiten! Ich werde befehlen, daß dieses unmögliche Tier sofort aus der Welt geschafft wird!"

Bereits am Sonntagnachmittag ließ der König folgendes Gesetz verkünden:

Der Osterhase wird abgeschafft!

Das Erzählen von Ostergeschichten und das Verstecken von Ostereiern ist verboten.

Wer es tut oder duldet, wird mit Gefängnis bestraft.

gez.
Grips

Das gab einen Aufruhr im ganzen Land! Nicht nur bei den Zuckerbäckern und Ostereierfabrikanten. Nein, vor allem bei den Kindern!

Sie liefen in Scharen zum königlichen Palast und riefen:

„Wir wollen unsern Osterhasen wiederhaben!"

Und dann schrien alle im Chor:

„O-ster-ha-se! O-ster-ha-se!"

Das hatte der König nicht vorhergesehen. Schließlich konnte er doch nicht alle Kinder ins Gefängnis stecken! Und es kamen immer mehr Kinder.

Der König schwitzte vor Aufregung, weil er nicht wußte, was er machen sollte.

Da kam zu allem Überfluß Prinz Fips herein. Er hielt seinen Stoffhasen unterm Arm und schluchzte:

„Das Kindermädchen sagt, ich muß ihn hergeben!"

Der König rannte ratlos im Thronsaal hin und her und raufte sich die Haare.

„Mein Hasi!" jammerte Prinz Fips und heulte zum Steinerweichen.

„Gesetz ist Gesetz!" knurrte der König aufgebracht. Dann ließ er seinen obersten Minister kommen.

„Was soll ich denn nun tun? Ein Hase, der Eier legt? Ich kann doch nicht erlauben, daß mein Volk so einen Blödsinn glaubt! Das widerspricht der modernen Wissenschaft!" stöhnte der König.

„Dann müßten Sie Frau Holle, Rumpelstilzchen und den Weihnachtsmann ebenfalls verbieten", entgegnete der kluge Minister.

„Da haben Sie allerdings recht!" sagte König Grips. „Aber was mach' ich nun?"

„Ich will mein Hasi haben", schluchzte Prinz Fips.

„O-ster-ha-se! O-ster-ha-se!" riefen die Kinder auf der Straße immer wieder.

Der König stand grübelnd am Fenster.

„So helfen Sie mir doch!" flehte er seinen Minister an.

Der Minister räusperte sich und sagte: „Weshalb, Majestät, verbieten Sie eigentlich etwas, was es gar nicht gibt?"

„Da haben Sie völlig recht!" sagte König Grips erleichtert. „Etwas zu verbieten, was es nicht gibt! Das widerspricht der modernen Wissenschaft. Das Osterhasengesetz ist unnötig, ich werde es sofort widerrufen!"

Seitdem dürfen die Kinder im ganzen Land wieder Osterhasengeschichten hören, Ostereier suchen und sich am Osterhasen freuen. Denn schließlich gibt es den Osterhasen ja gar nicht. Oder?

Ursel Scheffler

Die Osterbacke

Sonja kommt vergnügt aus der Schule.

„Mutti, Mutti, schau, was ich gemacht hab'!" ruft sie und holt aus ihrem Ranzen ein buntbemaltes Osterei.

Aber leider hat es einen Knacks!

„Och", sagt Sonja enttäuscht. „Daran ist der Tommi schuld! Der hat mich nämlich auf dem Heimweg am Ranzen geschubst!"

„Macht doch nichts", sagt die Mutter. „Man kann noch sehr gut erkennen, wie schön es ist. Außerdem wollte ich heute sowieso Pfannkuchen backen. Da können wir noch mehr Eier ausblasen . . ."

„. . . und ich darf sie anmalen?"

„. . . und wir hängen sie dann an den Osterstrauß", sagt die Mutter.

„. . . und ich darf die Pfannkuchen essen!" sagt Oskar, der gerade nach Hause kommt und sein Sportzeug in die Ekke pfeffert.

Oskar ist drei Jahre älter als Sonja und dreimal so hungrig.

Sonja kann es gar nicht erwarten, bis die Mutter mit dem Pfannkuchenbacken beginnt.

„Kann ich schon die Eier rausholen?" fragt Sonja.

„Meinetwegen", antwortet die Mutter.

„Kann ich schon mit dem Ausblasen anfangen?"

„Weißt du denn, wie man es macht?"

„Ganz einfach: ein Loch oben, ein Loch unten und dann fest reinpusten!"

meint Sonja. Aber so einfach ist es dann anscheinend doch nicht.

Zwei Eier sind schon kaputtgegangen. Sonja versucht es gerade beim dritten, als Oskar wieder in die Küche kommt.

Mit weit aufgeblasenen Backen bemüht sich Sonja, das Eiweiß und dann auch das Eigelb in die Schüssel zu blasen. Sie hat einen knallroten Kopf vor Anstrengung.

„Paß auf, Schwesterchen! Das ist gefährlich! Dabei können einem leicht die Backen platzen!" behauptet Oskar, der seine kleine Schwester gern ein bißchen ärgert.

„Geschafft!" ruft Sonja stolz und hält das leere Ei hoch.

„Laß mich mal", sagt Oskar.

„Nein, das kann ich ganz alleine!" sagt Sonja und schiebt ihn beiseite.

Acht Eier braucht die Mutter für die Pfannkuchen. Und Sonja will sie alle selber ausblasen.

Endlich ist es geschafft. Sechs Eier sind heil geblieben. Aber Sonja ist ganz kaputt. Erschöpft sinkt sie auf den Stuhl. Ihre Backen sind rot. Der Kopf ist heiß. Von den Pfannkuchen ißt sie keinen einzigen.

Auch beim Abendessen hat sie keinen Appetit. Die rechte Backe ist ganz geschwollen.

Besorgt sieht die Mutter zu ihr hinüber: „Sonja, bist du krank?"

Sonja schüttelt den Kopf.

„Ich hab's dir ja gesagt! Du hast zu fest geblasen! Jetzt hast du eine Osterbacke. Das kommt davon!" brummt Oskar mit vollem Mund.

„Unsinn", sagt der Vater und faßt Sonja an die Stirn. Die Stirn ist heiß. Sonja hat Fieber. Die Eltern rufen den Arzt an.

„Sie hat bloß eine Osterbacke!" verkündet Oskar auch dem Doktor, als er ihm die Tür aufmacht. „Das kommt vom Eierausblasen! Sie hat die Backen aufgepustet wie einen Luftballon!"

„Vielen Dank für den Tip, Herr Kollege", sagt der Doktor. „Aber ich seh' doch lieber selber nach."

Nach der Untersuchung meint er: „Tja, Sonja hat Mumps, und das ist ansteckend! Besonders für freche Brüder!"

Doris Jannausch

Der Osternikolaus

Einmal hatte der Nikolaus vergessen, auf den Kalender zu sehen.

„Nun wird es Zeit für mich", sagte er, nahm seinen Wanderstab, warf sich den Sack mit den süßen Sachen über die Schulter und marschierte los.

Doch wie erstaunt war er, als er nichts als grüne Wiesen sah, blühende Bäume und gelbe Himmelschlüssel.

„Das ist aber ein warmer Dezembertag", murmelte er verwundert in seinen langen weißen Bart.

Nirgendwo ein Flöckchen Schnee. Auf dem Wasser kein Eis. Und wie lange es hell war!

„Seht mal, da!" riefen die Kinder. Sie lachten und zeigten auf den Nikolaus. „Was will denn der bei uns?"

Traurig setzte er sich auf einen Baumstamm und seufzte. Weit war es gekommen auf der Welt!

Die Kinder liebten ihren guten alten Nikolaus nicht mehr.

Plötzlich sagte eine Stimme: „He, Nikolaus, was machst du denn hier?"

Ein Hase stand aufgerichtet vor ihm. Er trug eine Kiepe auf dem Rücken. In der Kiepe waren bunte Eier.

Der Nikolaus schaute und schaute.

„Was ich hier mache?" fragte er schließlich. „Das gleiche könnte ich dich fragen, Bürschchen."

„Ich bin der Osterhase", rief der kleine Kerl vergnügt. „Es ist nämlich Frühling und außerdem Ostersonntag."

„Allmächtiger!" stöhnte der Nikolaus und schlug sich an die Stirn. „Ich glaube, ich werde alt."

Da mußte der Osterhase so sehr lachen, daß die Eier im Korb hüpften.

„Mach dir nichts draus", tröstete er den Nikolaus. „Irren kann sich jeder mal! Wie wär's denn, wenn ich am Nikolaustag käme, ich, der Osterhase, und mit dir zusammen zu den Kindern ginge?"

„Puh, das wäre lustig!" rief der Nikolaus.

Auch er mußte tüchtig lachen, als er sich vorstellte, wie der Osterhase mit ihm durch den Schnee stapfen würde, auf dem Rücken die Kiepe mit bunten Ostereiern. Und das kurz vor Weihnachten!

Na, ich weiß ja nicht, ob es das richtige wäre: Nikolaus und Osterhase an einem Tag! Was meint ihr dazu? Ich finde: Alles zu seiner Zeit.

Doris Jannausch

Der Krampus

Der Krampus ist ein wüster Geselle. Er hat einen schwarzen Anzug an, Hörner auf dem Kopf und einen Pferdefuß. Kurzum: der Krampus sieht aus wie der Teufel höchstpersönlich.

Manchmal streckt er seine lange rote Zunge heraus. „Bäääh", macht er dann. Das ist nicht sehr fein.

In manchen Gegenden begleitet er den Nikolaus, mit finsterem Gesicht und wildem Augenrollen. In der Hand trägt er eine lange Rute.

„Seid ihr auch artig gewesen?" fragt der Krampus die Kinder. Und wehe, sie sagen „Nein!" Dann nimmt er seine Rute fester in die Hand und verhaut die Kinder.

„Hör mal, Krampus", sagte der Nikolaus eines Tages. „Vor langer, langer Zeit habe ich dir versprochen, daß du mich begleiten darfst. Ein Versprechen muß gehalten werden, egal, ob man ein Dreikäsehoch ist oder der Nikolaus. Doch ich dulde nicht länger, daß du die Kinder schlägst. Sie sollen sich auf meinen Besuch freuen und keine Angst davor haben."

Da schnitt der Krampus eine Grimasse und rief: „Und was soll ich mit meiner Rute machen, he? Die gehört nun mal zu mir wie ein Taschentuch zu einer Rotznase."

„Deine Rute kannst du behalten", meinte der Nikolaus. „Du hängst einfach Zuckersachen dran, die sich die Kinder abpflücken dürfen."

Da half kein Widerspruch. Der Krampus mußte gehorchen.

Als er wieder mal seine Rute drohend erhob, baumelten süße Kringel daran, an goldenen Fäden.

Jubelnd machten sich die Kinder darüber her und pflückten alles leer. Ratzekahl.

„Und was ist mit dem Bravsein?" knurrte der Krampus.

Die Kinder lachten und riefen im Chor:

„Morgen, morgen bin ich brav,
lieb und artig wie ein Schaf!"

Der Nikolaus nickte ihnen freundlich zu und sagte: „Nächstes Jahr kommen wir wieder. Dann werden wir ja sehen, wie brav ihr gewesen seid. Stimmt's, Krampus?"

„Buuuuh", antwortete dieser, „die Sache gefällt mir nicht!"

So kommt es, daß man den Nikolaus heute nur noch selten mit dem Krampus sieht.

Doris Jannausch

Eine lustige Fahrt

Manchmal kann der Nikolaus Wunder vollbringen. Doch es kommt auch vor, daß er Ärger hat wie du und ich.

Da war zum Beispiel die Sache mit dem Esel.

Der Nikolaus liebt es nämlich, auf einem kleinen Esel zu reiten. Doch an diesem sechsten Dezember, an dem er wie jedes Jahr seinen Weg zur Erde antreten wollte, war sein Eselchen besonders bockig. Es wollte lieber im himmlischen Stall bleiben, wo es warm und gemütlich war und wo das Heu ihm so gut schmeckte wie euch Marzipanstangen und Schokolade.

„Du kannst mich doch nicht im Stich lassen", redete der Nikolaus seinem kleinen Esel zu. „Dienst ist Dienst, und Heu ist Heu!"

Doch sosehr er auch flehte und bettelte, das Eselchen tat, als sei es schwerhörig, obgleich es doch so lange Ohren hatte.

Was nun? Die goldene Kutsche war auch nicht einsatzbereit. Die vier Schimmel, die vorgespannt werden mußten, hatten an diesem Abend dienstfrei. Im Himmel geht man mit Tieren sehr freundlich um.

„Dann muß ich mich eben auf meine alten Beine verlassen", seufzte der Nikolaus, schulterte den Sack und marschierte los.

Viele Stunden wanderte er durch Wälder, Felder und Dörfer. Nun mußte er noch in die große Stadt.

Er watete durch den tiefen Schnee. Der Sack drückte ihn sehr.

Ein Bauer sah ihn am Haus vorübergehen, ging hinaus und sagte: „So geht das nicht, Nikolaus! Weißt du was? Ich bringe dich in die Stadt. Zwar habe ich kein Pferd und keinen Esel, auch steht mein Auto in der Werkstatt, aber mein Traktor ist in Ordnung."

„Ich soll mit dem Traktor fahren?" staunte der Nikolaus.

Er fand die Idee aber nicht schlecht. Immer noch besser, als zu Fuß zu ge-

hen! Also kletterte er hinauf, und los ging die Fahrt.

Mit ohrenbetäubendem Geknatter fuhr Sankt Nikolaus in die Stadt. Der Traktor fauchte und schepperte, ratterte und knatterte, daß die Leute an die Fenster stürzten und ihren Augen nicht trauten.

„Der Nikolaus kommt", riefen sie einander zu. „Er sitzt auf einem Traktor und freut sich wie ein Schneekönig!"

Am nächsten Tag berichteten die Zeitungen darüber. Das Fernsehen brachte eine Sendung über den Fortschritt der Zeit, der ab und zu auch sein Gutes hat, vor allem dann, wenn er einem alten Mann Mühe und Arbeit erspart.

Der nette Bauer stand vor der Fernsehkamera, wurde von den Reportern tüchtig ausgefragt und war sehr stolz.

„Dem Nikolaus hat die Fahrt großen Spaß gemacht", sagte er. „Viel mehr noch als in seiner goldenen Kutsche. Wenn sein Esel auch das nächstemal nicht mitkommen will, fährt der Nikolaus wieder auf meinem Traktor zu den Kindern."

Wenn das so ist, dann macht mal hübsch die Ohren auf! Sollte im Dezember vor eurem Haus etwas ganz laut rattern und knattern, dann könnte es sein, daß der Nikolaus auf dem Weg zu euch ist.

Möglich ist alles.

Doris Jannausch

Der kleine Nikolaus

Der alte Herr Ziegenleder wohnte im Dachgeschoß des Hauses Nummer 9 in der Lerchengasse.

Jedes Jahr am sechsten Dezember, also am Nikolaustag, holte er aus einer Kiste auf dem Speicher einen langen roten Mantel mit Kapuze heraus, schwarze, schwere Stiefel und einen weißen Bart. Dazu einen grauen Sack.

Warum? Nun, er spielte den Nikolaus für die Kinder in der Lerchengasse.

Doch in diesem Jahr ging es ihm leider gar nicht gut. Der Rücken tat ihm weh.

Er konnte aus seinem Sessel nicht aufstehen, der arme Herr Ziegenleder.

Das fanden die Nachbarn sehr traurig. Vor allem die Kinder. Sie berieten hin und her. Dann fiel ihnen etwas Tolles ein. Sie wollten Herrn Ziegenleder eine Freude machen!

Heimlich schlichen sie zum Speicher und öffneten die Kiste, die Herrn Ziegenleder gehörte. Schnell holten sie Mantel, Stiefel, Bart und Sack heraus.

Jens, der Kleinste, verkleidete sich als Nikolaus.

40

Hu, waren die Stiefel schwer. Seine dünnen Beinchen steckten darin wie in zwei Wassereimern. Er kippte bei jedem Schritt heraus. Nur ganz vorsichtig konnte er damit laufen.

Der Mantel drückte auf seine Schultern, als wäre er aus Eisen. Na, und der lange weiße Bart hing ihm bis zum Knie herab.

Die kleine Anja hatte ein weißes Gewand mit goldenen Flügeln in der Kiste gefunden. Sie zog es an und begleitete den Nikolaus als Engel.

Feierlich marschierten alle Kinder zum Dachgeschoß, wo Herr Ziegenleder wohnte. Sie klopften an die Tür.

„Herein!" schallte es von innen.
Sie traten ein.

Als Herr Ziegenleder die merkwürdige Gruppe erblickte, machte er Augen, so groß und rund wie Mühlräder.

„Hatschi!" nieste Anja. Das Kleid war so dünn, und sie fror ganz jämmerlich.

„Gesundheit!" wünschte Herr Ziegenleder und verkniff sich ein Lächeln.

„Lieber Herr Ziegenleder", sagte Nikolaus Jens mit verstellter Stimme. „Bist du auch artig gewesen?"

„Aber ja", antwortete der alte Mann. „Ich bin ein sehr folgsames Kind."

„Dann bekommst du auch was Feines!"

Der kleine Nikolaus öffnete den Sack und holte die Geschenke heraus. Jedes Kind hatte ihm etwas spendiert: eine neue Pfeife, ein selbstgemaltes Bild, eine Tafel Schokolade und vieles mehr.

„Danke", sagte der alte Mann und wischte sich die Tränen aus den Augen, weil er so glücklich war. „Ich hätte nicht geglaubt, daß der Nikolaus mit seinen Freunden zu mir kommt. Noch dazu mit einem wunderschönen Engel."

„Ha-hatschi!" nieste Anja. Sie verdrehte die Augen und hielt die Hände vors Gesicht, weil sie kein Taschentuch bei sich hatte. Engel mit Taschentüchern gibt es höchst selten, denn sie haben keine Taschen in ihren seidenen Gewändern.

„Gesundheit", wünschte Herr Ziegenleder.

Er reichte dem holdseligen Engel ein großes Tuch, damit dieser sich die Nase schnauben konnte.

„Wenn es der himmlischen Gesellschaft recht ist", sagte Herr Ziegenleder, „möchte ich sie zu heißer Schokolade einladen."

„Hurra", riefen die Kinder begeistert. Sie setzten sich an den Tisch und ließen es sich schmecken.

Ob ihr es glaubt oder nicht: Hin und wieder hat sogar ein Nikolaus Appetit auf heiße Schokolade.

Manfred Mai

Höchste Zeit

Der erste Schnee
ist wieder weg!
Die Kinder
stellen Ski und Schlitten
traurig in die Eck
und holen dafür noch einmal
die Rollschuh hervor,
fahren durch die Gassen
und rufen laut im Chor:

„Herr Winter es ist höchste Zeit,
daß es endlich richtig schneit!"

Manfred Mai

Adventszeit

Andi will in diesen Wochen
den Eltern keinen Kummer machen,
damit sie sich nicht ärgern müssen,
sondern glücklich sind und lachen.

Andi will sich ausnahmsweise
mit Franziska gut vertragen
und nicht dauernd mit ihr streiten.
Das wird er ihr gleich sagen.

Andi will zu allen Menschen
ganz besonders freundlich sein.
Und er meint es diesmal ehrlich,
nicht nur so zum Schein.

Andi gibt sich sehr viel Mühe,
doch schon bald fragt er sich bang:
Ob ich das auch wirklich schaffe?
Die Adventszeit ist so lang!

Manfred Mai

Eine wichtige Frage

Martin druckst schon lang herum,
dann rückt er mit der Sprache raus:
„Gibt's das Christkind denn in echt?
Wo wohnt es, und wie sieht es aus?"

„Tja, das ist so eine Frage.
Niemand hat es je gesehn,
denn es darf nur still und heimlich
runter zu den Menschen gehn.

Deswegen lachen manche auch
und glauben nicht mehr recht daran,
daß es das Christkind wirklich gibt,
doch darauf kommt es gar nicht an.

Wenn sich so viele Kinder freun
auf dieses ganz besond're Fest,
muß es das Christkind doch wohl geben,
auch wenn es sich nicht sehen läßt."

Ursel Scheffler

Ein Pantoffel für den Nikolaus

Es klingelt. Nils läuft zur Tür. Aber Viktor überholt ihn. Er bellt wie verrückt.

„Haltet den Hund fest!" ruft die Mutter aus der Küche.

Jenny läuft Viktor nach und packt ihn am Halsband. Nils macht die Tür auf. Draußen steht der Postbote mit einem Paket.

„Von Oma!" ruft Nils. „Darf ich's auspacken?"

„Da steht doch groß *Erst an Weihnachten öffnen* drauf", sagt Jenny.

„Schade", sagt Nils und krault Viktor hinter den langen Schlappohren.

Drei Monate ist der Spaniel erst alt. Aber trotzdem ist er schon sehr schlau, findet Nils. Wenn ein Fremder sich der Tür nähert, dann bellt Viktor wie ein Höllenhund. Aber wenn Papa abends nach Hause kommt, dann steht Viktor hinter der Tür, schnuppert, wedelt mit dem Schwanz und bellt kein bißchen. Sobald Papa hereinkommt, springt Viktor an ihm hoch. Wenn er nicht als erster begrüßt wird, zerrt er an den Schuhbändern. Nützt auch das nichts, rennt er los und holt Papas Pantoffeln.

Viktors Gebell hat Niki aus dem Mittagsschlaf geweckt. Mit dem Teddy unterm Arm kommt er schläfrig angetapst.

„Niki, du sollst doch noch schlafen", mahnt die Mutter.

„Nils und Jenny schlafen auch nicht", sagt Niki.

„Nils und Jenny sind schon groß!" sagt die Mutter.

„Niki ist auch groß", sagt Niki und stellt sich auf die Zehenspitzen. Dann sieht er sich neugierig um und fragt: „Hat der Mikilaus geklingelt?" Niki sagt immer Mikilaus statt Nikolaus. Davon läßt er sich nicht abbringen.

„Nein, es war der Postbote", sagt Nils.

„Aber heute ist doch Mikilaustag", beharrt Niki.

„Er kommt erst, wenn es dunkel ist", sagt Jenny.

„Oder überhaupt nicht", sagt die Mutter.

„Warum?" fragt Nils enttäuscht.

„Weil ihr alle schon so groß seid", sagt die Mutter.

„Ich bin noch ganz klein", sagt Niki.

„Na, wir werden ja sehen", sagt die Mutter und bringt das Paket weg.

Nils und Jenny basteln. Niki zieht sich an. Dann macht er Weihnachtsplätzchen aus Knete. Der ganze Tisch klebt schon.

Plötzlich sagt er: „Babsi hat gesagt, es gibt überhaupt keinen Mikilaus."

Nils und Jenny werfen sich fragende Blicke zu.

„Wenn er kommt und dir was bringt, dann gibt es ihn doch, oder?" fragt Jenny.

„Zu Babsi isser nicht gekommen", sagt Niki.

„Der ganz echte Nikolaus von früher, der war ein Bischof in der Stadt Mira. Das ist ganz weit weg", erklärt Nils.

„Deshalb braucht er immer so lang, bisser kommt", sagt Niki.

Draußen wird es finster. Da poltert es plötzlich vor der Tür.

„Der Mikilaus!" ruft Niki und springt auf Jennys Schoß.

Es rumpelt und pumpert. Man hört eine Glocke bimmeln.

„Aufmachen!" ruft eine tiefe Stimme.

Nils hält Viktor fest. Jenny hält Niki fest. Die Mutter macht auf.

48

Da kommt der Nikolaus ins Zimmer. Er stellt seinen Sack auf den Boden. Dann schlägt er sein dickes Buch auf. Was da nicht alles drinsteht!

Viktor beeindruckt das gar nicht. Er springt am Nikolaus hoch. Er knabbert an seinen Schuhbändern. Als der Nikolaus ihn nicht beachtet, schleppt er Vaters Pantoffeln an.

Der Nikolaus ist ein bißchen verwirrt.

„Laß das!" schimpft er halblaut.

Da läuft Viktor weg. In einer Ecke zerknabbert er Vaters Pantoffel. Keiner bemerkt es, denn jetzt bindet der Nikolaus den Sack auf.

Für jeden hat er ein Päckchen, sogar für Viktor. Es ist lang und schmal. Viktor schnuppert kurz daran. Dann rupft er das Papier in kleine Fetzen.

Eine Bockwurst ist drin – das hat er gleich gerochen!

Tja, Hunde haben eine feine Nase . . .

Ursel Scheffler

So eine Bescherung

Vor Weihnachten begegnen dem Briefträger meist frohe Gesichter. Aber als er bei Frau Reiman klingelt, macht sie ein trauriges Gesicht.

„Soviel Post, und da freuen Sie sich nicht?" fragt er. Er drückt ihr vier Karten und zwei Briefe in die Hand.

„Mein Hansi ist tot", seufzt Frau Reiman. „Da werd' ich morgen den Weihnachtsabend ganz allein verbringen müssen . . ."

Jetzt fällt es auch dem Briefträger auf, daß das fröhliche Gezwitscher fehlt, das sonst in der Diele zu hören war.

„Das tut mir aber leid", sagt er und ist nun selbst traurig. Er weiß nicht recht, wie er die alte Frau trösten soll. Außerdem muß er weiter. Seine Tasche ist ganz schwer von Postkarten und Briefen, die er alle noch vor dem Fest austragen soll.

Aber dann hat der Briefträger eine Idee. Er erzählt einigen Nachbarn von dem Unglück, das Frau Reiman getroffen hat.

„Vielleicht muntern Sie sie ein bißchen auf?" sagt er zu Frau Peters, zu Herrn Petsch, zu Fräulein Meister, zu Frau Pfaff, zu Herrn Rottner und zum stupsnasigen Klaus im dritten Stock rechts.

Und weil die Nachbarn von Frau Reiman besonders nette Nachbarn sind, fällt der Rat auf fruchtbaren Boden. Jeder überlegt, wie er der alten Frau eine Weihnachtsfreude machen kann. Und seltsamerweise kommen alle auf die gleiche Idee.

Der Tierhändler an der Ecke staunt jedenfalls nicht schlecht über die heftige Nachfrage nach Wellensittichen mit türkisblauem Bauch.

Und Frau Reiman staunt erst! Denn am Weihnachtstag klingelt es unaufhörlich.

Erst wünscht Herr Rottner ein frohes Fest. Er überreicht ein kleines Päckchen mit Luftlöchern. Frau Reiman nimmt es behutsam in die Hand. Sie ahnt, was darin ist, und bedankt sich herzlich. Zwar ist es nicht ihr Hansi! Aber der schöne große Käfig hat wieder einen Bewohner.

Dann klingeln noch Frau Peters, Fräulein Meister, Frau Pfaff und Herr Petsch. Sie haben ebenfalls jeder ein Päckchen mit Luftlöchern in der Hand. Und weil Frau Reiman ihnen die Freude am Freudeschenken nicht nehmen will, hütet sie sich zu sagen, daß der Hansi schon einen, nein mehrere Nachfolger gefunden hat.

Als letzter kommt der stupsnasige Klaus. Er hat ganz rote Backen vom Laufen und strahlt übers ganze Gesicht, als er Frau Reiman gleich *zwei* Päckchen in die Hand drückt.

„Ich wünsch' ein frohes Fest! Und damit der neue Hansi sich schneller eingewöhnt, haben wir ihm gleich einen Spielkameraden dazugekauft!"

„Du glaubst gar nicht, wie ich mich freue!" sagt Frau Reiman. Und es klingt so fröhlich, weil sie sich nicht nur über die Vögel freut, sondern über die vielen lieben Menschen, die an sie gedacht haben.

„Wie gut, daß ich noch einen Sack voll Vogelfutter habe", sagt sie, als sie vor dem Käfig steht. Sieben „Hansis" sitzen fröhlich zwitschernd auf den Stangen.

Sie füllt Wasser in die kleinen Trinkschalen und sagt: „Wenn ihr euch vertragt, dann behalte ich euch alle!"

Als der Briefträger nach den Feiertagen vorbeikommt, hört er wieder fröhliches Gezwitscher bei Frau Reiman. Da weiß er, daß er mit seiner Idee Erfolg gehabt hat.

„Sie haben wohl einen neuen Vogel bekommen?" erkundigt er sich ein bißchen scheinheilig.

„Einen?" sagt Frau Reiman und lacht. „Gleich sieben! Das war vielleicht eine Bescherung! Kommen Sie doch und sehen Sie sich die Bande mal an!"

51

Manfred Mai

29. Dezember

Wann war Heiligabend?
Das ist schon sooo lange her!
Ach, wenn doch bald wieder
Weihnachten wär.

Manfred Mai

Was bringst du mir?

Das neue Jahr steht vor der Tür,
ich laß es schnell herein.
„Guten Tag, was bringst du mir?
Wird es was Gutes sein?

Ich wüßte es halt gar zu gern,
kannst du das nicht verstehen?
Jetzt bist du da und doch noch fern –
na ja, wir werden sehen."

Ursel Scheffler

Opa Wolle

Opa Wolle steht in der Küche und wäscht ab. „Weihnachten ist schließlich ein Tag wie jeder andere", brummt er und stellt die sauberen Teller in den Schrank.

Dann geht er ins Wohnzimmer. Sein Blick fällt auf den kleinen Weihnachtsbaum. Eigentlich hat er ihn gar nicht kaufen wollen. Aber jetzt freut er sich doch darüber.

Zwei Pakete stehen davor. Eines von seinem Sohn Felix. Es kommt aus Amerika. Das andere ist von Tom und seiner Familie. Sie sind mit den beiden Jungen in den Weihnachtsferien beim Schifahren.

Nur von Gerti ist nichts gekommen. Kein Wunder. Sie hat kurz vor Weihnachten ein Baby zur Welt gebracht. Nathalie – ein Weihnachtsmädchen!

Aber schreiben hätte sie doch können! Sicher ist sie noch ein bißchen schwach. Bestimmt wird sie anrufen – seine Gerti!

Eigentlich hab' ich sie den Jungen immer ein bißchen vorgezogen, überlegt Opa Wolle. Er schmunzelt und denkt an Weihnachten, wie es früher war. Jetzt hat sein kleines Mädchen selbst ein kleines Mädchen.

Wie die Zeit vergeht!

Eigentlich ist er noch nie allein gewesen am Heiligen Abend. Er hat ihn immer bei einem der Kinder verbracht, seit

Oma tot ist. Weshalb ist er nur auf einmal so traurig?

Er macht die Pakete auf. Er freut sich über die selbstgebackenen Plätzchen, über das Fotoalbum mit den Bildern, über die Basteleien der Enkelkinder und über die bildschöne neue Pfeife.

Die werd' ich gleich einrauchen, denkt er und setzt sich in den Sessel. Das Telefon hat er mitten auf den Tisch gestellt. Direkt neben den Weihnachtsbaum. Es gehört zu seiner Bescherung dazu. Denn anrufen wird sie doch wenigstens, seine Gerti!

Die Pfeife schmeckt ihm nicht recht. Er stellt das Radio an. Nachrichten. Nun, schließlich ist es ein Tag wie jeder andere. Er hört eine Glatteismeldung. Wie gut, daß er nicht raus muß!

Dann spielen sie die alten Weihnachtslieder. Wieder muß Opa Wolle an früher denken. Auf einmal fühlt er sich einsam. Ganz einsam. Eine Träne rollt über seine Backe. Ärgerlich wischt er sie weg und brummt: „Stell dich nicht so an, Alter! Weihnachten ist ein Tag wie jeder andere. Kapiert?"

Dann wandert sein Blick zum Telefon.

Es ist schon spät. Ich werd' ins Bett gehen, denkt er.

Da klingelt es. Er will nach dem Hörer greifen. Es klingelt noch einmal, heftiger. Jetzt merkt er, daß es die Türglocke ist. Er springt auf und wirft dabei die

54

Keksdose um. Wer da wohl klingelt? Um diese Zeit? Der Telegrammbote vielleicht?

Schon ist Opa Wolle an der Tür.

Draußen stehen ein Mann und eine Frau mit einem Kind im Arm.

„Das Glatteis – wir haben es nicht schneller geschafft", sagt eine vertraute Stimme.

„Mein Gott, Gerti!" sagt der alte Mann. Und einen Augenblick lang ist ihm, als sei die Heilige Familie persönlich bei ihm zu Weihnachten eingekehrt.

Ursel Scheffler

Papa kauft den Weihnachtsbaum

„Den Weihnachtsbaum kaufe *ich*, wie jedes Jahr", sagt Papa.

Immer, wenn Mama fragt: „Wann holst du den Baum?" antwortet Papa: „Morgen!"

Endlich ist es soweit.

Nils darf mit.

Sie fahren zum Markt und sehen sich einen Baum nach dem anderen an.

„Schon ziemlich ausgesucht", findet Papa. Sie fahren zum Platz an der Kirche.

„Die Bäume sind zu teuer", sagt Papa.

Sie fahren zum Platz neben der Post.

„Die Bäume nadeln ja schon", sagt Papa.

„Wenn Sie frische und billige Bäume wollen, müssen Sie sie aus dem Wald holen. Die Genehmigung bekommen Sie beim Forstamt", rät eine alte Frau. Sie kauft einen Baum im Blumentopf.

„Das ist eine gute Idee", sagt Papa.

Papa und Nils fahren zum Forstamt. Der Förster erklärt ihnen genau, wo sie den Baum schlagen dürfen.

„Ich habe eine kleine Axt im Auto", sagt Papa.

Dann stapfen Nils und Papa mit der Axt durch den verschneiten Wald.

„Der ist schön!" ruft Nils. Er bleibt vor einem Baum stehen, der fast so groß ist wie der Papa.

„Für den brauchen wir eine Säge", sagt Papa.

Sie fahren zurück bis zum nächsten Haushaltswarengeschäft und kaufen eine Säge.

Als sie wieder vor dem Baum stehen, sagt Nils: „Viel zu schade zum Zersägen. Findest du nicht?"

„Du meinst, wir sollten ihn ausgraben?" fragt Papa.

„Und nach Weihnachten wieder eingraben", fällt ihm Nils ins Wort.

„Dazu brauchen wir einen Spaten", stellt Papa fest.

Als er im Geschäft den Spaten bezahlt, überlegt er, daß sie eigentlich auch einen Schlitten brauchen. Ein Baum mit Wurzeln ist schwer. Der Weg vom Baum zum Auto ist ganz schön weit.

„Und noch diesen Schlitten hier!" sagt Papa kurz entschlossen zum Verkäufer.

„Au fein", freut sich Nils.

„Frisch und billig", murmelt der Papa und wirft einen Blick in den Geldbeutel. Die Summe, die er für den Weihnachtsbaum vorgesehen hatte, ist längst aufgebraucht.

Nils und Papa müssen ganz schön schuften, weil der Boden halb gefroren ist.

„Eigentlich brauchen wir noch eine Hacke", sagt der Papa. Aber dann schaffen sie es auch so. „Hau ruck! Da wackelt er schon! Gleich haben wir ihn!" ruft Papa und wischt sich den Schweiß von der Stirn.

Sie binden den Baum auf dem Schlitten fest und ziehen ihn so zum Auto. Leider paßt er nicht in den Kofferraum.

„Wir binden den Schlitten mit dem Baum am Auto fest", schlägt Nils vor.

„Dann müssen wir langsam den Waldweg entlangfahren. Da liegt Schnee", sagt Papa. „Und den Hasenberg – den müssen wir hinunterrodeln."

„Warum?" fragt Nils.

„Weil sonst der Schlitten mit dem Baum in den Auspuff fährt."

Am Hasenberg parkt Papa das Auto. Als Nils und Papa auf dem Schlitten sitzen, hat der Baum nur noch senkrecht Platz. Papa klemmt ihn sich zwischen die Knie. Dann geht es los. Erst ganz langsam. Dann immer schneller. Durch den Baum kann Papa nicht richtig sehen. Und der Baum sieht den Baum auch nicht, der da plötzlich im Weg ist.

„Halt!" schreit Nils.

Es kracht. Nils spürt Tannennadeln im Mund und landet irgendwo im Schnee. Papa liegt auf der anderen Seite und hat den Weihnachtsbaum im Arm. Der hat ihn beim Aufprall geschützt. Aber sein Daumen blutet.

„Gebrochen! Der Daumen muß in Gips!" sagt der Arzt.

Als sie nach Hause kommen, fragt die Mutter: „Na, habt ihr den Baum?"

„Frisch und billig", sagt der Papa.

„Und eine Säge, einen Spaten, einen Schlitten und einen Gipsdaumen haben wir auch mitgebracht", sagt Nils.

Ursel Scheffler

Das Krippenspiel

Tobi ist unheimlich aufgeregt. Heute sollen sie das Krippenspiel aufführen! Vorne vor dem Altar in der Kirche. Vor lauter fremden Leuten!

Dabei ist bei den Proben dauernd etwas schiefgegangen. Einmal hat die Maria geweint, weil sie den Anfang nicht mehr wußte. Dann haben die Hirten gedrängelt und gerauft, weil jeder vorne stehen wollte. Die Hirten rauften eigentlich immer. Es war die halbe Fußballmannschaft, bloß anders angezogen.

„Trink Tee, das beruhigt!" sagt Oma. Sie bringt eine dampfende Teekanne. Oma hat für alles einen Tee. Für Bauchweh, für Halsweh, für Traurigsein.

Tobi trinkt schon die dritte Tasse Beruhigungstee. Aber er ist immer noch aufgeregt.

„Wir müssen los. Seid ihr fertig?" ruft der Vater und klimpert mit den Autoschlüsseln.

Alle sind so fein angezogen. Und da soll man sich nicht aufregen? Tobi

58

nimmt sein langes weißes Gewand. Und wo sind die Flügel? Nirgends kann er die Flügel finden. Er hat sie doch aufs Bett gelegt! Tobi beginnt vor Aufregung zu schwitzen. Oder ist es vom Tee?

„Tobi!" ruft der Vater. Es klingt schon etwas ungeduldig.

„Ich kann meine Flügel nicht finden!" ruft Tobi.

„Die sind schon im Kofferraum!" sagt der Vater.

Endlich ist es soweit. Sie kommen gerade noch rechtzeitig. Die Orgel spielt das erste Lied. Dann ziehen die Krippenspieler in die Kirche ein. So ist es ausgemacht.

Die Engel tragen brennende Kerzen. Tobi ist der erste. Er ist der wichtigste Engel im himmlischen Chor. Ganz alleine muß er „... und Frieden auf Erden und den Menschen ein Wohlgefallen" singen. Ist es ein Wunder, daß er so aufgeregt ist?

Zunächst sieht alles gut aus. Alle singen gemeinsam. Maria weiß den richtigen Anfang. Josef ist ein bißchen erkältet. Seine Stimme klingt ganz tief. Die Hirten beginnen wieder zu boxen. Es ist ziemlich eng zwischen dem Altar und dem Weihnachtsbaum.

Tobis Einsatz kommt immer näher. Da verspürt er ein Kribbeln im Bauch. Und nicht nur das. Er muß mal raus! Ganz dringend! Omas Tee ... Drei Tassen sind zuviel gewesen.

Tobi hört gar nicht mehr richtig hin. Wenn er sich an der Wand entlang nach draußen schleichen würde? Vielleicht käme er gerade noch rechtzeitig zurück! Aber da stehen dicht gedrängt die Leute. Unmöglich durchzukommen! Verzweifelt sieht sich Tobi nach einem Fluchtweg um.

Ach, wenn ich doch fliegen könnte! denkt der wichtigste Engel im himmlischen Chor.

„Ich halt' es nicht mehr aus!" murmelt er plötzlich entschlossen und will sich davonstehlen.

Aber da bekommt er von einem kleinen Engel einen Rippenstoß: „Du bist dran, Tobi!"

Der Einsatz ist zaghaft. Aber dann singt Tobi mit fester Stimme. Jetzt ist ihm alles egal. Was ist schon eine nasse Hose im Vergleich zu einer tragenden Rolle im himmlischen Chor?

„So schön hast du bei den Proben nie gesungen!" sagt die Maria hinterher. Aber Tobi hört es kaum. Er drängt zum Ausgang.

„Nach Hause, schnell!" sagt er zu seinem Vater.

Als sie im Auto sitzen, schnuppert die Mutter und fragt: „Sag mal, was riecht da ... hast du ..."

Tobi nickt. Er sagt: „Omas Tee! Drei Tassen. Das beruhigt vielleicht!"

Da müssen alle lachen. Und als der wichtigste Engel im himmlischen Chor wieder Tobi heißt und trockene Hosen anhat, lacht er erleichtert mit.

Ich und die Welt

Mirjam Pressler

Dunkel ist dunkel

Kathrin darf heute nacht bei Philipp schlafen. Sie hat sich schon die ganze Woche darauf gefreut. Philipp geht in ihre Klasse und ist der netteste Junge, den Kathrin kennt. Der hübscheste auch, besonders wenn er lacht.

Morgens hat ihre Mama Kathrin zu Philipp gefahren. Vorher hat sie noch einen Schlafanzug und Kathrins Zahnbürste in eine Einkaufstasche gepackt. Und ein frisches T-Shirt und eine Jeans, falls Kathrin in den Dreck fällt.

Kathrin ist nicht in den Dreck gefallen, aber ihre Hose und ihr Pulli sind trotzdem nicht mehr sauber. Sie haben nämlich den ganzen Tag im Garten gespielt. Indianer. Und wer hat schon von einem Indianer gehört, der auf seine Anziehsachen aufpaßt!

Jetzt ist es Abend. Sie sitzen am Lagerfeuer. Kathrin und Philipp haben das Holz zusammengesucht. Dann durfte Kathrin das Feuer anmachen. Philipps Eltern haben aufgepaßt, daß nichts passiert.

Sie sitzen nebeneinander im Gras und schauen in die Flammen. Jeder hat auf seinem Schoß einen Teller mit Kartoffelsalat und Würstchen. Der Himmel ist lilablau, nur hinter dem Nußbaum ist es noch ein bißchen rosa vom Sonnenuntergang. Die Flammen sprühen Funken in den Himmel, und die Funken sehen aus wie Sterne.

„Ich schlafe heute zum ersten Mal woanders", sagt Kathrin.

„Hast du Angst?" fragt Philipps Mutter.

Kathrin schüttelt heftig den Kopf. „Ich habe nie Angst", sagt sie und wischt sich über die Augen. Aber das liegt natürlich nur am Rauch. Jeder muß weinen, wenn ihm Rauch in die Augen kommt.

„So, und jetzt ab ins Bett", sagt Philipps Mutter. „Sogar für Indianer ist es schon spät."

Philipp und Kathrin putzen sich die Zähne und ziehen ihre Schlafanzüge an.

Philipp sieht auf einmal ganz anders aus, denkt Kathrin. Viel kleiner als in der Schule.

Philipps Mutter hat für Kathrin das Sofa im Kinderzimmer zurechtgemacht. Sie gibt Philipp einen Gutenachtkuß und streichelt Kathrin über die Haare. An der Tür sagt sie: „Schlaft gut, ihr beiden." Dann macht sie das Licht aus und die Tür zu.

Es ist dunkel.

Kathrin zieht sich die Decke bis zum Kinn. „Daheim läßt mir meine Mama immer das Licht an, bis ich eingeschlafen bin", sagt sie.

„Hast du Angst im Dunkeln?" fragt Philipp.

Kathrin schüttelt den Kopf. Dann fällt ihr ein, daß Philipp das nicht sehen kann.

62

„Nein", sagt sie. „Ich habe nie Angst."

„Ich schon, manchmal", sagt Philipp. „Zum Beispiel bei Gewitter."

Kathrin gibt keine Antwort. Um sie herum ist es dunkel. Schwarz. Das Schwarz kommt immer näher, deckt sie zu.

Plötzlich muß sie wieder an den Käfer denken, den sie mal in einer Streichholzschachtel aufgehoben hat. Nach einiger Zeit war der Käfer tot.

Eine Stimme sagt: „Du brauchst keine Angst zu haben, meine Mama und mein Papa sind doch da."

Niemand ist da, denkt Kathrin. Ich sehe keinen. Auch Philipp nicht. Nur was man sehen kann, ist wirklich. Sie starrt in die Dunkelheit, bis ihre Augen weh tun.

„Gespenster kann man nicht sehen, also gibt es keine", sagt sie laut. „Aber Einbrecher schon."

Philipp sagt: „Einbrecher gehen nur dahin, wo die Leute viel Geld und Schmuck und so was haben, sagt mein Papa. Und bei uns ist nichts zu holen, sagt mein Papa."

Kathrin antwortet nicht. Plötzlich schreit jemand draußen vor dem Fenster. Laut und unheimlich.

„Das ist bloß eine Katze", sagt Philipp.

Kathrin wickelt sich fester in ihre Decke. Drüben, am Fenster, ist ein grauer

Schimmer zu sehen. Kathrin schluckt. „Wenn die Dunkelheit nicht so schwarz wäre", sagt sie zu Philipp.

Eine Weile ist es still. Dann sagt Philipp: „Aber zum Einschlafen mußt du doch die Augen zumachen. Und wenn du die Augen zumachst, ist es auch dunkel. Wozu brauchst du dann Licht?"

Kathrin atmet ganz laut. Dann macht sie die Augen zu. Dunkel. Sie macht die Augen auf. Dunkel. Sie macht sie wieder zu. Dunkel. Sie macht sie wieder auf. Immer noch dunkel.

„Warum lachst du?" fragt Philipp.

„Ach, nur so", sagt Kathrin. „Wollen wir morgen ein Baumhaus bauen?"

Mirjam Pressler

Zinnsoldaten

Die Zugfahrt dauert sehr lange. Uwe kann es kaum erwarten, daß sie endlich ankommen. Er langweilt sich. Tina sitzt auf Mamas Schoß und quengelt. Mama gibt ihr ein Stück Schokolade. Tina stopft sich die Schokolade in den Mund und strampelt so lange, bis Mama sie von ihrem Schoß rutschen läßt.

Die ältere Frau, die Uwe gegenübersitzt, macht ein böses Gesicht. Tina wakkelt durch das Abteil. Sie stolpert und fällt gegen die Frau mit dem bösen Gesicht. Ausgerechnet! Die Frau sieht noch böser aus, und Tina weint. Die Frau nimmt ein Taschentuch und wischt heftig an dem Schokoladefleck an ihrem

Rock herum. Mama entschuldigt sich, aber die Frau gibt keine Antwort. Endlich fährt der Zug langsamer, sie sind da.

Opa und Oma warten am Bahnsteig. Opas weiße Haare leuchten. Uwe ist zuerst bei ihnen, läßt sich umarmen und drücken. Dann ist seine Mutter dran. Tina plärrt, als Oma sie hochhebt.

„Sie erinnert sich nicht mehr an euch", sagt Mama und nimmt Tina auf den Arm. Opa greift nach dem Koffer.

Im Auto sitzt Uwe dicht neben Oma. Sie fragt und fragt und fragt. Uwe ist froh, als sie endlich bei Oma und Opa zu Hause ankommen.

Auf dem Tisch steht ein Kuchen, den hat Oma extra gebacken. Und daneben liegt ein großer brauner Teddybär mit einer roten Schleife um den Hals. Für Tina. Für Uwe liegt kein Geschenk auf dem Tisch.

Tina weint, als sie den Teddybären sieht. Sie will ihn nicht. Mama legt sich mit ihr in Omas Bett, damit sie schläft und endlich aufhört zu quengeln.

„Wir zwei gehen jetzt in die Stadt", sagt Opa zu Uwe. „Ich kauf' dir was Schönes, du wirst schon sehen."

Auf der Straße sind so viele Leute, daß Uwe Angst bekommt. Opa nimmt ihn an der Hand. Uwe ist froh darüber, obwohl er das sonst nicht leiden kann. Er ist ja kein Baby mehr.

„So, da wären wir", sagt Opa und zieht Uwe in einen kleinen, düsteren Laden. Uwe braucht eine Weile, bis er erkennt, was hinter den vielen Glasscheiben ausgestellt ist.

„Zinnsoldaten", sagt Opa. „Hier gibt es nur Zinnsoldaten. Als kleiner Junge habe ich immer welche haben wollen, aber meine Eltern hatten für so was kein Geld. Mein Freund hatte Zinnsoldaten. Von seinem Großvater ..."

Die Figuren sind winzig, mit aufgemalten Uniformen in Rot und Blau. Manche sitzen auf Pferden und haben Säbel in den Händen. Andere gehen zu Fuß und haben komische Gewehre über den Schultern.

„Die Schlacht bei Waterloo", sagt der Verkäufer und hält ihnen eine große Schachtel mit vielen Soldaten und Reitern hin. Ordentlich aufgereiht liegen sie nebeneinander. Der Verkäufer ist auch ein alter Mann.

Opa ist begeistert. „Nehmen wir die?" fragt er Uwe.

Uwe würde am liebsten den Kopf schütteln. Ich will keine Zinnsoldaten, möchte er sagen. Ich hätte gern etwas anderes. Ich hätte sogar viel lieber einen

Teddybären. Aber weil Opa so glücklich aussieht, sagt er es nicht. Er nickt.

Der Verkäufer wickelt Papier um die Schachtel, und Opa und Uwe verlassen den Laden. Opa trägt die Schachtel unterm Arm.

„Ich hab' dir ja gesagt, daß ich dir was Schönes kaufe", sagt er. „Sind sie nicht schön, die Zinnsoldaten?"

Uwe bleibt stehen und reibt sich die Augen, bis sie tränen.

„Was ist denn los?" fragt Opa.

„Ich glaube, mir ist eine Fliege ins Auge geflogen", sagt Uwe. Opa stellt die Schachtel ab und bückt sich zu Uwe. Aber eine Fliege findet er nicht.

Zu Hause rennt Tina in der Küche herum. Der Teddybär liegt auf dem Sofa. Sie schaut ihn nicht an. Uwe setzt sich auf das Sofa und nimmt den Teddybären in den Arm. Tina kommt zu ihm und legt ihren Kopf auf sein Knie.

„Warum hast du nicht gesagt, daß du keinen Teddy willst?" sagt Uwe zu ihr. „Du bist selber schuld, du hättest es ja nur zu sagen brauchen."

Aber Tina kann noch nicht sprechen. Sie kann nur quengeln.

Mirjam Pressler

Die Prinzessin in der Nacht

Anja rutscht in die Ecke und zieht die Knie an den Bauch. Ihre Zudecke ist auf den Boden gerutscht. Obwohl Anja friert, hebt sie sie nicht auf. Sie legt die Arme fest um die Knie und versucht, an etwas anderes zu denken. An die roten Schuhe von der Prinzessin.

Die Stimmen drüben im Wohnzimmer werden immer lauter. Anja kann nicht verstehen, was sie sagen. Aber daß sie mal wieder streiten, hört sie genau. In der letzten Zeit streiten sie immer häufiger. Und Papa kommt immer später nach Hause. Oft ist er noch nicht da, wenn Anja und Sophie ins Bett gehen.

Anja hält sich die Ohren zu. Sie will nichts hören, sie will nichts verstehen. Die Prinzessin hat rote Schuhe mit goldenen Schnürsenkeln. Der König hat sie ihr mitgebracht.

Am liebsten hätte Anja andere Eltern. Solche wie Caroline. Die streiten sich fast nie. Wenigstens sagt Caroline das. Na ja, denkt Anja, vielleicht schläft Caroline so fest und hört es nicht.

Im Wohnzimmer wird es leiser. Anja rutscht von der Bettkante und hebt ihre Zudecke vom Boden auf. Dabei stößt sie an ihre neuen roten Schuhe. Sophie bewegt sich im Schlaf und murmelt etwas.

Anja tappt im Dunkeln hinüber zu So-

phies Gitterbett. Sie tastet über die Decke, bis sie Sophies dicken Bauch und den runden Kopf fühlt. Dann hebt sie sie hoch und schleppt sie zu ihrem eigenen Bett. Wenn Sophie schläft, scheint sie noch schwerer zu sein als sonst. Sie wacht kurz auf. „Nana?" sagt sie und schläft gleich weiter. Anja legt sich neben sie und steckt die Decke um sie beide fest.

„Ruhig, Sophie", flüstert sie. „Ich erzähl dir eine Geschichte."

Sie spürt Sophies warmen Atem an ihrem Gesicht. „Es waren einmal ein König und eine Königin", erzählt sie. „Die hatten zwei wunderschöne Töchter. Eines Abends kam der König nicht nach Hause. Vielleicht wollte er mit seinen Freunden spielen, vielleicht wollte er allein ins Kino gehen. Jedenfalls war die Königin furchtbar sauer und schrie und schrie..."

Anja hört auf zu erzählen. Drüben sind sie jetzt so laut, daß sie verstehen kann, was ihr Vater sagt.

„Das hält man doch im Kopf nicht aus", brüllt er. Sophie zuckt zusammen. Sie wird nicht wach, aber sie gibt einen klagenden Ton von sich.

Da wird Anja plötzlich wütend. So wütend, daß sie keine Angst mehr hat. Sie springt aus dem Bett und rennt hinüber.

67

„Ihr sollt aufhören", schreit sie. „Ich will's nicht hören, und Sophie will's nicht hören und überhaupt..."

Sie sagt nicht mehr, was sie mit „überhaupt" meint. Ihre Eltern stehen steif da und starren sie an.

Der Vater bückt sich und legt die Arme um Anja.

„Ach Kleines", sagt er. Dann geht er aus dem Zimmer. Kurz danach hört man auch die Haustür zufallen.

Die Mutter nimmt Anja bei der Hand und bringt sie zurück in ihr Bett. Die Mutter sagt nichts, Anja sagt auch nichts. Sie weint. Die Mutter deckt beide Kinder zu und setzt sich an den Bettrand. Anja tut so, als wäre sie eingeschlafen. Nach einer Weile steht ihre Mutter auf und geht ins Wohnzimmer.

Es ist dunkel und ruhig. Anja drückt sich an Sophie. Sophie gluckst im Schlaf. Sie fühlt sich warm an und riecht nach Kamillentee. Anja legt den Arm um sie.

„Die Königin war furchtbar sauer und schrie", flüstert sie in Sophies Ohr. „Und der König schrie auch. Da mußte die älteste Prinzessin weinen. Und stellt euch vor, liebe Kinder, sie weinte lauter Perlen und Edelsteine. Da freute sich das ganze Volk, und wenn sie nicht gestorben sind, so leben sie noch heute."

Mirjam Pressler

Die Ärgermacher

Manuel, der Schober Michi, Dieter und Bruno gründen eine Bande. Die Ärgermacher. Wen sie ärgern wollen, wissen sie noch nicht, aber die Bandengründung ist sehr feierlich. Sie teilen sich eine Familienflasche Cola, die Brunos Mutter gespendet hat. Dazu essen sie Mandelkuchen. Den hat der Schober Michi mitgebracht. Er ist nämlich der Sohn von der Bäckerei Schober. Den Mandelkuchen hat seine Mutter vorgestern nicht verkaufen können und gestern auch nicht. Deshalb hat sie ihn dem Michi zur Bandengründung geschenkt. Inzwischen ist der Kuchen ein bißchen bröselig, schmeckt aber trotzdem gut. Und sie haben ja Cola zum Runterspülen.

„Wen sollen wir ärgern?" fragt Dieter kauend. Keinem fällt etwas ein.

Plötzlich sagt der Schober Michi: „Ich weiß, wen. Den Dödel, den Konradin."

Damit sind alle einverstanden. Konradin geht in ihre Klasse, und keiner kann ihn leiden. Warum, wissen sie selber nicht genau.

„Er hat immer noch lange Unterhosen an", sagt Manuel. „Ich hab's gesehen, als wir schwimmen waren."

Die Colaflasche ist leer, die letzten Kuchenkrümel sind aufgegessen, die Ärgermacher gehen nach Hause. Bruno findet auf dem Heimweg ein Zehnerl auf der Straße. Einfach so.

Am nächsten Morgen locken sie Konradin hinter die Turnhalle. Dort sagen sie „Depp" und „Blödmann" und solche Sachen zu ihm, bis er weint. Der Schober Michi pikt ihm seinen Zeigefinger in den dicken Bauch. Da weint Konradin noch mehr. Später, im Klassenzimmer, weicht er ihnen aus. Aber er verrät sie nicht.

Am nächsten Morgen läßt sich Konradin nicht hinter die Turnhalle locken. Manuel muß sich erst neben ihn stellen und flüstern: „Wenn du nicht freiwillig

69

mitkommst, verhauen wir dich nach der Schule."

Da kommt Konradin freiwillig mit. Sie sagen „Depp" und „Blödmann" und solche Sachen zu ihm. Konradin schnauft, aber er weint nicht. Er weint erst, als Bruno ihm den Ranzeninhalt auf den Boden kippt. Er weint so heftig, daß ihm die Nase läuft. Bruno schaut schnell weg.

Nachmittags, als sich die Ärgermacher treffen, sagt Bruno: „Ich finde das langweilig, das mit Konradin."

„Fällt dir was anderes ein?" fragt der Schober Michi. Bruno schüttelt den Kopf. Keinem fällt ein, wen sie ärgern könnten. Höchstens Herrn Merkel, den Gemüsemann. Aber vor Herrn Merkel haben sie alle ein wenig Angst. Also bleibt nur Konradin.

Deshalb warten sie am nächsten Morgen wieder auf ihn. Er kommt ziemlich spät. Trotzdem muß er mit hinter die Turnhalle. Erst sagen sie zu ihm „Depp" und „Blödmann". Er weint nicht. Seinen Ranzen können sie diesmal nicht auskippen. Der Boden ist matschig, weil es nachts geregnet hat. Sie schauen sich ratlos an.

Aber der Schober Michi hat eine Idee: „Los, knie dich hin", sagt er. Konradin will sich nicht in den Dreck knien. Da gibt ihm Dieter einen Stoß, daß er von allein auf die Knie fällt. Jetzt weint er. Bruno hat auf einmal Bauchweh.

Am nächsten Tag ist schulfrei, weil Samstag ist. Bruno hat immer noch Bauchweh, wenn er an Konradin denkt.

Deshalb kann er sich auch nicht mit seiner Bande treffen.

Am Sonntag, nach dem Mittagessen, kommen Manuel, Dieter und der Schober Michi. Sie wollen Bruno zum Spielen abholen.

„Ich habe Bauchweh", sagt Bruno, und die Ärgermacher ziehen ab.

Brunos Mutter steckt ihn ins Bett und kocht ihm Pfefferminztee. Dann setzt sie sich zu ihm. „Was ist denn los mit dir?" fragt sie.

Er sagt: „Ich kann den Konradin nicht leiden. Er weint immer gleich."

Die Mutter hält ihm noch einmal die Teetasse hin. „Das ist doch nicht schlimm, daß du ihn nicht leiden kannst", sagt sie. „Keiner kann alle leiden. Deshalb mußt du doch kein Bauchweh bekommen."

Bruno schweigt. Seine Mutter geht in den Garten.

Am Montagmorgen wartet Bruno an der Straßenecke auf Konradin. Konradin reißt die Augen auf, als er ihn sieht. Erst bleibt er stocksteif stehen, dann will er wegrennen.

Bruno packt ihn am Arm und sagt: „Blödmann! Du gehst jetzt einfach neben mir her. Und wenn wir an den anderen vorbeikommen, schaust du sie nicht an und sagst kein Wort."

Dieter, Manuel und der Schober Michi sind verblüfft, als sie Bruno zusammen mit Konradin sehen. Sie sind so verblüfft, daß sie überhaupt nichts tun. Sie sagen auch nichts. Sie gehen hinter Bruno und Konradin ins Klassenzimmer.

Die Lehrerin kommt. Sie haben Rechnen. Bruno schreibt die Aufgabe von der Tafel ab. Dabei schaut er schnell zu Konradin hinüber.

Ich kann ihn immer noch nicht leiden, denkt er. Aber das macht nichts. Keiner kann alle leiden.

Bauchweh hat er auch nicht mehr.

Monika Sperr

Der Krümel

Er hatte so lange gebettelt, bis ihn der Opa mitnahm aufs Oktoberfest.

„Der Krümel ist mein Enkel", sagte er zu dem Ehepaar, mit dem er sich verabredet hatte. Sie hockten sich ins Bierzelt an einen langen Tisch. An diesem Tisch saßen lauter Erwachsene, die sich schreiend unterhielten. Die Kapelle spielte sehr laut. Der Opa bestellte drei Maß Bier und für den Krümel eine Limonade. Der langweilte sich. Er wollte mit der Geisterbahn fahren.

„Später", sagte der Opa. Er sagte es so oft, bis der Krümel weinte. Da trank der Opa bereits die dritte Maß und wollte nicht gestört werden bei seiner Unterhaltung. Er gab dem Krümel fünf Mark und knurrte:

„Fahr allein und komm dann wieder. Du findest doch zurück?"

„Klar", sagte der Krümel, ballte die Faust um das Geldstück und quetschte sich durch die Leute. Die Geisterbahn lag gleich gegenüber.

Als der Krümel das Gerippe mit den glühenden Augen über dem Eingang sah, traute er sich nicht hinein. Er beobachtete, wie die Wagen aus dem dunklen Zelt ins Freie schossen. Die Kinder darin wirkten ängstlich, und die Erwachsenen lachten.

Aber der Krümel traute diesem Lachen irgendwie nicht.

Neben ihm stand ein großer Junge, der war noch länger als der Opa. Und der Opa war sehr groß. Der Krümel tippte den Langen an.

„Ich traue mich nicht", sagte er.

Der Lange nahm die Hand aus der Hosentasche, hielt sie dem Krümel hin, grinste:

„Traust dich, wenn ich mitfahre?"

Der Krümel nickte. Er gab dem Langen die fünf Mark. Der schob sie der Frau im Kassenhäuschen zu und sagte: „Zweimal!"

Er half dem Krümel in einen Wagen, legte seinen langen Arm um ihn und brummte vergnügt:

„Du mußt laut schreien, wenn du erschrickst. Das ist gut für die Nerven. Aber passieren kann dir nichts, weil die-

71

se Geister ja bloß Puppen sind. Außerdem paß ich auf."

Da sauste der Wagen ins Zelt hinein, daß dem Krümel ganz schwindlig wurde. Aus dem Dunkel kam eine weiße Hand – der Krümel drückte sich zitternd an den Langen. Der lachte nur:

„Besser ist, wenn du schreist."

Da schrie der Krümel laut und fühlte sich gleich wohler. Bei der Hexe konnte er schon lachen, weil der Lange sagte:

„Grüß dich, Mädchen."

Das klappernde Gerippe ließ ihn wieder schreien, und als eine riesige Fledermaus direkt auf ihn zuflog, machte er vor Schreck die Augen zu. Da war die schnelle Fahrt auch schon vorbei. Der Lange hob ihn aus dem Wagen und fragte: „Was hältst du von einer Runde mit dem Skooter? Ich lade dich ein."

Wieder legte er den Arm um ihn; das Auto steuerte er mit einer Hand. Ab und zu rammten sie einen anderen, dann lachten sie laut. Und die anderen lachten auch. Weil es dem Krümel so großen Spaß machte, drehte der Lange noch eine Runde mit ihm. Dann gab er ihm die Hand und sagte:

„Mach's gut, Kleiner. Ich muß ins Geschäft zurück, sonst schimpft der Alte."

Mit langen wiegenden Schritten ging er davon. Der Krümel stand wie erstarrt. Dann begann er ihm nachzulaufen. Aber der Lange war schon verschwunden. Der Krümel suchte immer verzweifelter, bis eine Frau ihn fragte, ob er sich verlaufen hätte. Da schluchzte er laut:

„Ich suche meinen Freund."

Die Frau wollte wissen, ob er ganz allein auf dem Oktoberfest wäre.

„Nein", schniefte der Krümel. „Opa ist im Bierzelt bei der Geisterbahn."

„Na dann", sagte die Frau, nickte ihm aufmunternd zu, und er machte sich allein auf die Suche. Es gab mehrere Geisterbahnen und viele Bierzelte, eines größer als das andere und alle sehr voll. Schließlich fand er den Opa. Der hockte noch immer mit den Leuten zusammen und sagte bloß: „Da bist du ja wieder."

Monika Sperr

Mini Man, du kleiner Mann

Der kleine Patrick war erst vier. Für ihn war der zwölfjährige Klaus sehr groß, der mit seiner Mutter als Feriengast gekommen war. Patrick lebte in Irland, und seine Eltern besaßen dort eine Pension. Meistens verkroch er sich vor den Fremden, aber den langen Klaus mochte er sofort. Gleich nach der Ankunft kam der in die Küche, weil er Cornflakes wollte, und sagte:

„Hallo, Mini Man, du kleiner Mann, wo finde ich deine Mutter?"

Patrick mußte lachen. Noch nie hatte jemand „Mini Man, du kleiner Mann" zu ihm gesagt. Es gefiel ihm.

„Mini Man", jauchzte er und rannte los, um seine Mutter zu suchen.

Auf der Treppe fiel dem langen Klaus ein, daß er seinen Rucksack noch nicht ausgepackt hatte. Er nahm Patrick mit aufs Zimmer, weil er ihm die Werkzeugtasche zeigen wollte. Er schraubte den Hammer zusammen, und Patrick hämmerte damit eine Weile auf dem Fensterbrett herum. Dann wollte er die Säge ausprobieren. Sie liefen in den Wald hinterm Haus, sägten von mehreren Büschen einige kleine Zweige ab.

Dann schlug Klaus vor, auf einen Baum zu klettern. Aber Patrick hatte Angst. Da lachte ihn der lange Junge aus. Als Patrick weglaufen wollte, sagte Klaus:

„Keine Angst, Mini Man. Ich helfe dir doch."

74

Etwas später hockten sie nebeneinander auf einem Ast. Patrick kam es schrecklich hoch vor. Aber Klaus kniff die Augen zusammen, spuckte ins Gras und sagte geringschätzig:

„Das sind keine zwei Meter bis zur Erde." Er sprang hinab.

Patrick kam sich ganz verlassen vor und begann leise zu weinen. Da rief der lange Klaus:

„Spring, Mini Man, ich fange dich auf!"

Patrick schloß die Augen und ließ sich einfach fallen. Der Aufprall war so heftig, daß Klaus umfiel. Er hielt den kleinen Patrick fest und kugelte mit ihm durchs Gras, während er rief:

„Bravo, Mini Man, jetzt rollen wir ins Tal!"

Von da an spielten sie oft zusammen, fast jeden Tag. Einmal führte Patrick den langen Klaus zum Wasserfall. Dort stürzte ein Fluß über meterhohe Felsen donnernd hinab. Es schäumte gewaltig. Klaus rannte los, weil er das Wasser durchqueren wollte. Da schrie der kleine Patrick wie in Todesangst. Was er schrie, war nicht zu verstehen. Aber Klaus begriff, daß er ihn warnen wollte. Also kehrte er um und sagte:

„Du hast ganz recht, Mini Man, es ist zu gefährlich."

Als der lange Klaus abreiste, schenkte er Patrick zum Abschied die Säge aus seiner Werkzeugtasche.

„Für dich, Mini Man", sagte er mit einer ganz rauhen Stimme. Dann stieg er ins Auto zu seiner Mutter und winkte, bis der Wagen um die Ecke fuhr.

Patrick aber wollte von da an nur noch Mini Man genannt werden. Es blieb sein Kosename für viele Jahre.

Monika Sperr

Ach, die ist nichts

Jörg und Renate waren gute, ja, die besten Freunde. Alles machten sie zusammen. Nur nach Hause mitbringen durfte Jörg das Mädchen nicht, weil seine Eltern es nicht leiden konnten.

„Ach, die ist nichts", sagten sie. Damit meinten sie, daß Renate kein Umgang für ihn wäre.

Sie wohnte in der Siedlung, wo die ärmeren Leute lebten. Er aber war der Sohn des reichen Landrats Huber. Sein Vater war ein sehr bekannter Mann im Dorf, dessen Wort viel galt. Jörg hatte viel zuviel Respekt vor ihm, um ihm zu widersprechen. Deshalb traf er sich mit Renate immer heimlich bei der Scheune, unten am Waldrand.

Als er heute dorthin kam, saß Renate bereits in der Linde, wo sie ein Baumhaus bauten.

„Du kommst spät", rief sie.

„Ja", sagte Jörg. „Mutti hatte Besuch, und ich mußte erst noch Kuchen holen."

Hastig machte er sich an den Aufstieg. Weil er es so eilig hatte, paßte er nicht auf, rutschte ab, versuchte sich zu halten, aber da stürzte er bereits zu Boden.

„Au", schrie er. „Au, au, das tut ja so weh!"

Renate rutschte am Stamm hinab, wobei sie sich die Hände zerschrammte. Jörg lag noch immer am Boden, deutete mit der Hand auf seinen Fuß und stöhn-te: „Er ist kaputt. Ich kann nicht aufstehen."

Renate versuchte ihn zu tragen. Aber Jörg war schwer, auch wenn er kleiner war als sie. Außerdem schrie er, daß ihr angst und bange wurde. Deshalb sagte sie:

„Ich laufe zu dir nach Hause und hole Hilfe. Hab keine Angst, das geht ganz schnell. Du mußt nur ruhig liegen, damit du deinem Fuß nicht weh tust."

„Beeil dich", stieß Jörg zitternd hervor, und sie rannte, so schnell sie konnte. Als sie ins Haus der Huberfamilie stürmte, rief Jörgs Mutter ihr böse zu:

„Was hast du hier zu suchen?"

„Jörg", schluchzte sie. „Er liegt bei der Scheune, sein Fuß ist gebrochen."

Da rannte die Mutter mit ihrem Mann und dem Besuch zum Waldrand hinunter, ohne sich um Renate zu kümmern. Die folgte ihnen und beobachtete, wie sie den Jörg nach Hause trugen. Der große Mann hielt ihn wie ein Baby in seinen Armen und redete beruhigend auf den noch immer Schreienden ein.

Am nächsten Tag erfuhr Renate in der Schule, daß Jörg sich den Fuß verstaucht, aber zum Glück nicht gebrochen hatte.

Eine Weile müsse er zu Hause bleiben und ruhig liegen, hieß es.

Sie hätte ihn gern besucht, traute sich aber nicht zu ihm hin.

Zwei Tage schlich sie um das Huberhaus herum, dann sah sie, wie die Mutter zum Vater ins Auto stieg und mit ihm wegfuhr. Auf eine solche Gelegenheit hatte sie gewartet. Schnell wie der Wind sauste sie zur Tür hinein und rief:

„Jörg, wo bist du?"

„Renate", jauchzte er vergnügt. „Komm nur herauf, sie sind in die Stadt gefahren und bleiben länger fort."

Da öffnete sich hinter ihr die Tür; sie wagte nicht, sich zu bewegen.

„Was machst du hier", fragte Jörgs Mutter, und ihre Frage klang eher verwundert als böse. Schüchtern sagte Renate:

„Ich wollte nur wissen, wie es ihm geht. Jetzt weiß ich es und verschwinde wieder."

Mit diesen Worten wollte sie an der Mutter vorbei, zur Tür hinaus. Aber die Frau im dunklen Straßenkostüm sah sie so seltsam an, daß sie sich nicht an ihr vorbeitraute.

Von oben rief Jörg: „Sie ist doch meine Freundin, Mutti. Bitte, bitte, laß sie zu mir, nur ganz kurz!"

Da lächelte die strenge Frau und nickte Renate freundlich zu: „Lauf nur hinauf, ich bringe euch einen Saft und ein paar Kekse. Du magst doch Kekse?"

Renate konnte nur nicken.

Monika Sperr

Der Angeber

Franz lebte in einem Kinderheim. Aber davon erzählte er in der Schule nichts. Er tat im Gegenteil so, als ob er Vater und Mutter hätte und bei ihm zu Hause alles ganz besonders toll wäre. Sein Vater schimpfte nie, und die Mutter trug die schönsten Kleider, wie eine Fee. Mit seiner Schwärmerei ging er den Kindern so auf die Nerven, daß er bei ihnen nur noch „der Angeber" hieß.

Keiner wollte ihm mehr zuhören, wenn er von dem großartigen Haus mit dem herrlichen Garten erzählte. Auch die Geschichten von seinem Dackel Murkel konnten sie nicht mehr hören. Einmal sagte der dicke Kurt wütend:

„Dein blöder Dackel ist ja das reinste Wundertier. Kann er auch fliegen?"

Den dicken Kurt bewunderte der Franz, deshalb erzählte er nichts mehr, hörte nur mit großen Augen zu, wenn die anderen auf zu Hause schimpften.

Heute zum Beispiel hatte sich die Mutti vom dicken Kurt ganz fürchterlich aufgeregt, nur weil er die Milch über den Tisch gekippt hatte.

„Aus Versehen natürlich", klagte er. „Aber sie tat so, als wäre es Absicht gewesen."

Alle Kinder nickten. So etwas kannten sie.

„Wirklich", stöhnte der Dicke, „manchmal könnte ich sie auf den Mond schießen!"

„Du hast die Milch umgekippt, und sie hat mit dir geschimpft?" fragte Franz. Der Dicke nickte. Da lachte Franz und sagte:

„Meine Mutti schimpft nie, und zum Geburtstag schenkt sie mir zwei Vögel. Die heißen die Unzertrennlichen und sehen aus wie ganz kleine Pagageien."

Die Vögel hatten es dem dicken Kurt angetan. Er konnte es kaum erwarten, bis der Franz Geburtstag hatte. Dann sagte er:

„Nimm mich doch mal mit, ich will sie sehen."

Aber Franz hatte immer eine andere Ausrede. Mal hatten sie Besuch, dann war die Mutti krank, bis der dicke Kurt schimpfte:

„Ach, rutsch mir doch den Buckel runter, du Angeber! Ich will deine blöden Vögel gar nicht sehen!"

An diesem Tag ging er dem Franz heimlich nach. Er sah ihn in einem Haus verschwinden, das in einem großen Garten lag.

Als er an die Tür kam und klingeln wollte, stand da: KINDERHEIM CHRISTOPHORUS.

„Hah", knurrte Kurt und schüttelte ganz fassungslos seinen Lockenkopf. „Dieser Angeber! Tut so, als wäre seine Mutter eine Prinzessin, dabei wohnt er in einem Heim!"

Am nächsten Tag begrüßte er den ahnungslosen Franz mit den höhnischen Worten: „Wie geht's, Christophorus?"

Franz erschrak so, daß er weinen mußte. Und er weinte noch immer, als die Lehrerin ins Zimmer trat. Sie wollte wissen, was los sei.

„Nichts", schluchzte Franz.

Aber der dicke Kurt grölte:

„Er wohnt im Heim! Er wohnt im Heim!"

Die Lehrerin sagte:

„Das weiß ich natürlich." Sie neigte sich zu Franz, gab ihm ein Tempotaschentuch und befahl lächelnd: „Nun putz dir erst einmal die Nase."

Dann sagte sie zur Klasse: „Der Franz hat keine Eltern. Ich finde es gut, daß ihr es jetzt wißt. Vielleicht mag ihn jemand mal zu sich einladen? Ihr könnt doch sicher verstehen, wie traurig es ist, in einem Kinderheim leben zu müssen?"

Doch, das verstanden sie. Nur der dicke Kurt maulte:

„Aber angeben hätte er nicht müssen, oder?" In der Pause fragte er den Franz: „Hast du das mit den Vögeln auch erfunden?"

Franz weinte gleich wieder. Da legte ihm der Dicke wie tröstend die Hand auf die Schulter. Dann lachte er gutmütig:

„Im Geschichtenerzählen bist du der Größte. Gehst du mit zu mir?"

Franz mußte erst im Heim nachfragen, der Dicke wartete vor der Tür. Von da an waren sie oft zusammen, zwei unzertrennliche Freunde.

Mirjam Pressler

Janni und die neue Oma

„Ich will aber nicht", sagt Janni. „Ihr könnt allein fahren, ich bleib' daheim."

Janni weiß selbst, daß das nicht in Frage kommt. Schließlich sitzt sie hinten im Auto, stumm und beleidigt.

Ihre Mutter dreht sich um. „Janni", sagt sie. „Du solltest dich freuen, daß Opa nicht mehr dauernd allein ist."

„Er hat ja mich", sagt Janni bockig.

„Sei wenigstens ein bißchen nett", sagt Papa und hält vor dem Haus, in dem Opa wohnt. Mit seiner neuen Frau.

Opa macht ihnen die Tür auf. Die Neue sitzt im Wohnzimmer. Das Zimmer sieht anders aus als früher. Und die Neue sieht anders aus als Oma, ganz anders.

Opa will Janni neben sich auf das Sofa ziehen, aber sie macht sich los und geht in die Küche. Omas Küche. Die sieht zum Glück noch aus wie immer. Auf der Anrichte steht Omas Foto mit dem schwarzen Stoffstreifen über der Ecke. Janni nimmt das Foto und hockt sich in

80

Omas Sessel. Bevor Oma krank wurde, war Janni oft in den Ferien hier. Meistens hat sie bei Oma im Bett geschlafen. Oma roch immer ein bißchen nach Zimt und Kuchen. Janni fühlt sich auf einmal sehr verlassen.

Die Tür geht auf, die neue Frau kommt herein. Sie setzt sich an den Tisch. „Du hast sie sehr liebgehabt", sagt sie und deutet auf das Foto.

„Sie war meine Oma", sagt Janni.

Die neue Frau nickt. Eine Weile sagen beide nichts. Drüben im Wohnzimmer lacht Jannis Mutter.

„Meine Oma konnte wunderbar Geschichten erzählen", sagt die neue Frau.

Janni schaut sie erstaunt an. „Meine konnte besonders gut vorlesen", sagt sie. „Und immer hat sie vorher ihre Lesebrille gesucht." Auf einmal erzählt Janni von Oma. Von den ‚armen Rittern' und Weihnachtsplätzchen. Von Waldspaziergängen und Schatzsuchen im Garten.

„Was sind ‚arme Ritter'?" fragte die neue Frau. „Und Schatzsuchen?"

Janni wundert sich, daß die Frau das nicht weiß. Wo sie doch schon so alt ist. Komisch. Dann hat Janni eine Idee. Sie holt sich Papier und Bleistift aus der Schublade und fängt an zu denken und zu schreiben. Als sie fertig ist, geht sie zu Opa. „Ich habe dir eine Schatzsuche gemacht", sagt sie und hält ihm stolz den ersten Zettel hin. Darauf steht: *Jeden Morgen bist Du neugierig und schaust nach.*

Opa geht zum Barometer. Aber da ist nichts. Janni grinst. Doch dann weiß er, wo der nächste Zettel ist. Im Briefkasten. *Ein verlassenes Haus ohne Haustür und*

Fenster, steht drauf. Diesmal muß Opa schon länger nachdenken. Schließlich fällt ihm das alte Vogelnest in der Fliederhecke ein.

Auf dem nächsten Zettel steht: *Du gibst es zu allem dazu, hat die Oma gesagt. Aber beim Schatz verzichtest sogar du darauf.* Opa denkt sehr lange nach, bis es ihm endlich einfällt. Senf.

Unter dem Senfglas liegt der letzte Zettel. Darauf steht: *Dies ist der Schatz: Ich bringe der neuen Oma bei, wie man ‚arme Ritter' backt. Janni.*

Opa guckt Janni an, guckt seine neue Frau an, guckt Jannis Mutter an. Dann muß er ein bißchen weinen. Janni auch. Aber nicht lange.

Mirjam Pressler

Der Großmama-Besuch

Kilian und Sandra geben sich immer große Mühe mit dem Anständigsein, wenn Großmama kommt. Ihre Mutter will das so. Zum Glück kommt Großmama nicht so oft.

„Wie lange bleibt sie denn?" fragt Kilian, als seine Mutter das Gästebett bezieht.

Seine Mutter zuckt mit den Schultern. „Zwei, drei Tage, denke ich. Zieh lieber den roten Pulli an, der ist neuer."

Kilian zieht den roten Pulli an.

Großmama kommt am späten Nach-

mittag. Für Kilian bringt sie ein Flugzeug zum Selberbasteln mit, für Sandra ein dickes Buch mit Tiergeschichten.

„Umgekehrt hätte es besser gepaßt", sagt Kilians Vater, als er von der Arbeit kommt.

„Laß doch", zischt Kilians Mutter und deckt den Tisch fürs Abendessen.

Großmama sitzt an der Stirnseite, wo sonst Kilians Mutter ihren Platz hat.

„Findest du nicht, daß etwas zuviel Salz an der Suppe ist?" fragt Großmama. „Aber sonst vorzüglich, wirklich. Ich hätte allerdings noch eine Prise Muskat genommen. Na ja, jeder nach seinem Geschmack."

Die Suppe ist sehr heiß. Kilian bemüht sich krampfhaft, nicht zu schlürfen. Sandra stößt ihn unter dem Tisch ans Knie. Er schaut zur Seite. Sie hat zwei Selleriestücke an den Rand ihres Tellers geschoben. Kilian wartet, bis Großmama dem Vater von der Zugfahrt erzählt, und steckt sich unauffällig den Sellerie in den Mund. „Danke", flüstert Sandra.

Danach gibt es Reis, Putenschnitzel und Erbsen.

„Setz dich anständig hin", sagt Großmama zu Sandra. „Oder willst du einen Buckel bekommen, wenn du groß bist? Ich habe in letzter Zeit immer fürchterliche Kreuzschmerzen. Aber da kann man nichts machen, sagte der Arzt. Das ist das Alter."

„Wir werden alle nicht jünger, Mutter", sagt Kilians Vater und nickt mitfühlend.

„Kilian, man nimmt die Gabel in die linke Hand, das Messer in die rechte", sagt Großmama. „Und schieb dir doch nicht solche Brocken in den Mund, sonst erstickst du am Ende noch."

Kilians Mutter schluckt, dann sagt sie, daß Kilian schließlich erst sieben ist. „Da kann man noch nicht alles."

Großmama wischt sich mit der Serviette den Mund. „Sieben ist nicht mehr so klein", sagt sie. „Sein Vater war viel jünger, da hatte er schon ausgezeichnete Manieren. Wir konnten ihn überallhin mitnehmen. Das stimmt doch, Peter? Sag doch auch mal etwas, Peter."

Kilians Vater nickt. Ein paar Erbsen fallen ihm von der Gabel und rollen über den Tisch. Kilian und Sandra kichern.

„Du nimmst die Erziehung der Kinder zu leicht, Ingrid", sagt Großmama. „Ei-

ne gute Kinderstube ist wichtig für das ganze Leben. Nein, danke, ich mag keinen Nachtisch. Der bekommt mir in letzter Zeit nicht besonders. Entschuldigt bitte, wenn ich jetzt schon aufstehe. Ich muß mich ein bißchen hinlegen, die Reise hat mich doch sehr ermüdet."

Während Großmama ihre Serviette ordentlich neben den Teller legt und aufsteht, sagt keiner etwas. Großmama stampft die Treppe hinauf, die Tür des Gästezimmers schlägt zu. Kilian schaut hoch. Seine Mutter stöhnt erleichtert. Sein Vater rülpst.

„Aber Peter", sagt Kilians Mutter kichernd. „So können wir dich aber nicht überallhin mitnehmen. Stimmt's, Kilian? Sag doch auch mal etwas, Kilian."

Kilian muß so lachen, daß er keine Antwort geben kann.

Sandra schaut die Mutter strafend an. „Du nimmst die Erziehung zu leicht, Ingrid."

„Ja, das tust du", sagt Kilians Vater, hebt die Puddingschale an den Mund und leckt sie aus. Dann rülpst er noch einmal. Diesmal mit Absicht.

Das kann er nämlich.

Mirjam Pressler

Moritz und seine Omi

„Ich will mit", sagt Moritz zu seiner Mutter. „Ich habe Omi schon so lange nicht gesehen. Ich will mit."

„So ein Altersheim ist nichts für ein Kind", sagt seine Mutter. „Denk an das letzte Mal. Und wenn Omi gesund ist, kommt sie uns wieder besuchen."

Moritz gibt nicht nach. Am Schluß meint sogar sein Vater, daß es vielleicht besser ist, wenn er mitgeht. „Du kannst ihn nicht vor allem schützen", sagt er zur Mutter.

Moritz haßt es, wenn sie über ihn reden, als wäre er nicht dabei. Aber diesmal hält er lieber den Mund.

Nachmittags fährt er mit seiner Mutter zu dem Haus, wo Omi wohnt. Seniorenheim heißt es. Moritz ist erst zweimal hier gewesen. Beim zweiten Mal haben sie einen alten Mann getroffen, der Moritz mit seinem Spazierstock gedroht hat. Dabei hat er gräßlich geschimpft. Danach hat die Mutter Moritz nicht mehr mitgenommen. Außerdem ist Omi auch lieber zu ihnen gekommen.

Aber seit einiger Zeit kann sie nicht mehr kommen, sie ist krank. Moritz hat gehört, wie seine Mutter zu seinem Vater gesagt hat: „Sie wird immer weniger." Moritz hat gegrübelt, was das bedeuten könnte. Aber er hat sich nicht getraut zu fragen. Der Vater hat den Arm um die

84

Mutter gelegt, und sie hat sich eng an ihn gedrückt.

Im Garten sind viele alte Leute. Manche sitzen auf Bänken, manche gehen spazieren. Moritz schaut sich vorsichtig um, aber der Mann mit dem Stock ist nirgends zu sehen. Auf einer Bank sitzt eine dicke Frau in einem schwarzen Kleid. Sie hält Moritz einen Schokoladenkeks hin. Seine Mutter zieht ihn schnell weiter. Aber Moritz hat den Keks noch erwischt.

Omi wohnt mit zwei anderen Frauen in einem Zimmer. Die beiden Frauen sind nicht da. Omi liegt mit geschlossenen Augen im Bett. Auf einmal versteht Moritz, was seine Mutter gemeint hat. Omi ist wirklich weniger geworden. Kleiner, dünner. Die Knochen in ihrem Gesicht sind deutlich zu sehen. Ihre Hände sind gelblich gegen das weiße Bettzeug. Sie sieht fremd aus. Moritz bleibt stehen. Er hat auf einmal Zitterbeine und schwitzt.

„Omi, wir sind es", sagt seine Mutter und setzt sich auf den Stuhl neben Omis Bett. „Schau, Moritz ist auch da."

Omi lächelt. Plötzlich ist sie wieder mehr geworden und nicht so fremd. Moritz setzt sich auf das Bett und legt seinen Kopf an Omi. Sie riecht wie immer, wie ein getrockneter Waschlappen. Eben wie Omi. Einen Moment lang ist alles gut.

Dann sagt Omi: „Ich darf nicht zur Tanzstunde. Mein Vater erlaubt es nicht. Alle anderen aus meiner Klasse dürfen, nur ich nicht."

Omi fängt an zu weinen, dann sagt sie nichts mehr. Sie ist eingeschlafen.

Jedenfalls hat sie die Augen wieder zugemacht.

Moritz schaut seine Mutter an. Die zuckt hilflos mit den Schultern. „Manchmal lebt sie in einer anderen Zeit", sagt sie leise. „Du brauchst dich nicht zu fürchten."

Moritz weiß nicht, ob er sich fürchtet. Wer fürchtet sich schon vor seiner Omi?

Sie bleiben nicht sehr lange da. Omi schläft die ganze Zeit. Die Mutter hält ihre Hand und streichelt sie. Moritz steht am Fenster und schaut in den Garten.

Als sie zum Ausgang gehen, hält die dicke Frau mit dem schwarzen Kleid Moritz wieder einen Schokoladenkeks hin.

Diesmal zieht ihn seine Mutter nicht weiter. Moritz schaut die alte Frau an.

„Danke", sagt er.

Die Frau lächelt.

Mirjam Pressler

Der Brief

„Zwei Wochen immer nur Schnee und steile Berge und Kälte und was weiß ich noch alles! Das hält doch keine Sau aus!" sagt Paula böse.

„Du bist ja auch keine", sagt ihre Mutter. Und ihr Vater meint, das könnte sie vielleicht möglicherweise bitte auch etwas anders ausdrücken.

„Können vielleicht möglicherweise

schon", sagt Paula und fühlt sich unverstanden.

In der Schule fällt das Aufpassen flach. Paula hat Wichtigeres zu tun. Sie schreibt einen Brief an Hannelore. Hannelore ist ihre Oma. Sie wohnt in Frankfurt und ist Tierärztin. Klaus, Paulas Opa, wohnt auch dort.

Du mußt mir helfen, schreibt Paula.

Vielleicht breche ich mir den Hals. Oder ich erfriere. Dann kannst Du mich in der Gefriertruhe aufheben. Findest Du das schön? Na also!!! Bussi von Deiner Paula.

Und weil Hannelore sich immer so über Bilder freut, kritzelt Paula noch eine Zeichnung dazu. Eine Gefriertruhe, in der ein Mädchen liegt. Die Beine ragen starr und steif in die Luft, weil die Truhe nämlich zu kurz ist.

Paula faltet ein zweites Blatt zu einem Briefumschlag und schreibt Hannelores Namen und Adresse darauf. Leider muß sie sich das Geld für die Briefmarke von Evelyn leihen, sie hat keins mehr. Nach der Schule geht sie gleich zur Post.

Zwei Tage lang passiert gar nichts. Paula bekommt einen neuen Schneeanzug, und in den Alpen schneit's, sagt der Wetterbericht.

„Was für ein Glück", sagt Paulas Vater.

Am dritten Tag muß Paula noch einen Aufsatz schreiben.

Eine Schande, so kurz vor den Ferien.

Und abends, als sie beim Essen sitzen, ruft Hannelore an.

„Nein", sagt Paulas Mutter ins Telefon. „Wir wollen sie zum Skifahren mitnehmen. Sport wird ihr guttun. Sie wird ein richtiger Stubenhocker."

Dann sagt sie eine Weile gar nichts. Paula tut so, als hörte sie nicht hin. In Wirklichkeit brechen ihr fast die Ohren ab vor Anstrengung.

„Ja", sagt die Mutter am Schluß. „In Ordnung. Grüß Klaus von uns. Tschüs." Dann legt sie den Hörer auf und setzt sich wieder an den Tisch.

„Hannelore braucht Paula in den Ferien", sagt sie. „Sie hat einen frisch operierten Hund, der alle zwei Stunden bewegt werden muß. Und ihre Sprechstundenhilfe hat Urlaub. Hannelore hat gefragt, ob wir Paula gleich am letzten Schultag bringen können."

Sie gießt sich eine Tasse Tee ein, trinkt einen Schluck. „Paula, wärst du bereit, auf den Skiurlaub zu verzichten?"

Paula kaut heftig. So heftig, daß sie

sich verschluckt. Als sie ausgehustet hat, atmet sie tief durch und sagt: „Wenn Hannelore mich so dringend braucht, muß ich ja wohl, oder?"

Ihr Vater schüttelt den Kopf, ihre Mutter nickt. „Aber eine Sache versteh' ich nicht", sagt sie. „Sie hat gesagt, weil der Hund operiert ist und sie keinen Platz für eine größere Gefriertruhe hat, deshalb.

Was hat das eine mit dem anderen zu tun? Ich glaube, Hannelore wird langsam alt."

Paula setzt ihr freundlichstes Lächeln auf. „Um so mehr muß man ihr dann helfen, nicht wahr? Nur schade, daß ihr jetzt ganz allein in die wunderschönen, herrlichen Alpen fahren müßt. Mit all dem Schnee."

Edgar Wüpper

Leckerli

In den Osterferien ist Kerstin meistens bei Oma zu Besuch. Omas Lieblingsbeschäftigung ist Frühstücken.

„Wie das Frühstück, so der Tag", sagt sie immer. Danach müßte bei Oma jeder Tag ganz herrlich sein, denn das Frühstück ist Klasse!

Wenn Kerstin morgens gähnend in die Küche kommt, fängt ihre Nase schon an zu schnuppern. Omas starker Bohnenkaffee, der Duft von Kakao und frischen Brötchen machen gleich Appetit.

Auf dem Tisch stehen eine Vase mit Frühlingsblumen, Gläser mit Marmelade, Gelee, Sirup und Honig. Und unter den bunten Eierwärmern aus Stoff schlummern zwei dicke braune Frühstückseier.

Auch heute schmeckt es Kerstin. Sie angelt nach dem Glas mit ihrem Lieblingssirup.

„Oh, fast leer!" sagt sie etwas enttäuscht.

„Das war das letzte Glas Leckerli", stellt Oma fest.

„Warum heißt denn der Sirup ‚Leckerli'?" fragt Kerstin.

„Weil er so lecker schmeckt!"

Beide lachen. Als Oma und Kerstin dann den Tisch abräumen, meint Oma: „Wenn du Lust hast, können wir heute gleich ein paar neue Gläser Leckerli machen."

Kerstin freut sich. „O ja. Aber wie geht das?"

„Du wirst schon sehen. Ich verrate noch nichts."

Nach dem Abwasch holt Oma zwei kleine Henkelkörbe und sagt: „Wir müssen ein Stück gehen."

Es ist ein schöner Tag, die Sonne streichelt die Haut, und die Erde riecht schon nach Wärme.

Hinter dem Dorf fließt der Bach vorbei. Oma zeigt auf einige breite grüne Blätter am Ufer.

„Da wächst der Beinwell. Ich werde morgen ein paar Wurzelstöcke ausgraben. Sie geben eine gute Salbe gegen mein Rheuma."

Plötzlich bleibt sie stehen. „Weißt du was?" sagt sie. „Wir pflücken gleich noch ein paar Wildkräuter und machen heute mittag einen Salat daraus."

Unterwegs erklärt sie Kerstin, welche Blätter sie sammelt.

„Das ist Huflattich. Er heißt so, weil seine Blätter aussehen wie Pferdehufe." Oder: „Das ist Bärlauch. Riech mal!" Sie zerreibt ein Blatt zwischen den Fingern. „Er riecht wie Knoblauch."

Kerstin rümpft die Nase, und Oma lacht. Bald haben sie den einen Korb voll mit Sauerampfer, Huflattich, Bärlauch, Gundermann, Schafgarbe und vielen anderen Kräutern.

Von einem Holunderstrauch will Ker-

stin sich ein Stück Holz abschneiden. „Davon mache ich mir ein Blasrohr!"

Oma gibt ihr das Taschenmesser. Aber schon beim Aufklappen schnappt die Klinge zurück und ritzt Kerstins Finger. „Ich hab' mich geschnitten, ich blute!" ruft Kerstin. „Und wir haben gar kein Pflaster dabei!"

„Zeig mal her", sagt Oma. „Das ist halb so schlimm. Da hab' ich gleich ein grünes Pflaster... Warte!"

Während Kerstin das Blut von ihrem Finger saugt, guckt sich Oma suchend am Wegrand um.

„Komm her!" ruft sie. „Siehst du die langen schmalen Blätter da? Das ist Spitzwegerich. Nimm ein Blatt, steck es in den Mund und kau darauf herum, bis es ein Brei ist."

Kerstin schaut Oma zweifelnd an.

„Na los, mach schon", drängt Oma.

„Und nun?" fragt Kerstin.

„Jetzt streichst du den Brei über die Wunde, und schon ist das Pflaster fertig. Morgen ist alles verheilt. Der Brei hilft auch gegen Mückenstiche."

„Toll", murmelt Kerstin, „das muß ich mir merken."

Vor dem Wald ist eine kleine Bergwiese, über und über mit dottergelben Blüten gesprenkelt.

„So", sagt Oma, „jetzt sammeln wir die gelben Köpfe, bis der zweite Korb voll ist."

Kerstin guckt genauer hin. „Das ist ja Löwenzahn!" ruft sie überrascht. „Und daraus wird Leckerli?"

„Ja, da staunst du, was?"

Bald ist der Korb voll. Vom vielen Bücken muß sich Oma etwas ausruhen. Sie setzt sich auf einen Holzstamm.

„Der Löwenzahn ist eine tolle Pflanze", sagt sie. „Von der Wurzel kannst du einen Kaffee herstellen. Obwohl..." sie kichert leise, „mein Bohnenkaffee schmeckt mir ehrlich gesagt doch besser! Die jungen Löwenzahnblätter ergeben einen guten Salat, und aus den Blüten machen wir unser Leckerli!"

Als sie wieder zu Hause angekommen sind, nimmt Oma einen Topf und setzt ihn auf den Herd.

„So, jetzt paß gut auf!"

Erst nimmt sie vier große Handvoll Blüten, schüttet Wasser darauf und läßt sie fünf Minuten kochen.

„Gib mal das Sieb", sagt sie, nimmt einen anderen Topf und gießt alles durch das Sieb hinein.

„Jetzt bleibt nur noch Flüssigkeit übrig. In die kommen noch anderthalb Kilo Zucker und der Saft von zwei Zitronen. Das Ganze lassen wir jetzt auf kleiner Flamme einkochen, bis der Sirup übrigbleibt."

„Bei uns in der Nähe gibt es auch ganz viel Löwenzahn", sagt Kerstin.

„Siehst du", lacht Oma, „dann machst du dir demnächst dein Leckerli selbst!"

Edgar Wüpper

Tumult im Supermarkt

„Mutti!" Jörg lehnt an der Küchentür.

„Ja, was ist?" fragt Frau Müller und schiebt ein Blech mit Schmandkuchen in den Backofen. Morgen ist ihr Geburtstag, und da kommt die ganze Verwandtschaft. Da heißt es mindestens sechs Kuchen backen!

„Mutti, soll ich dir was einkaufen?"

Frau Müller guckt Jörg erstaunt an. „Was ist denn mit dir los? Bist du etwa krank? Freiwillig einkaufen gehen, das gibt's doch gar nicht."

„Heute will ich aber!"

„Na gut, ich kann jetzt sowieso nicht weg. Ich schreibe dir ein paar Sachen auf. Nimm das Netz mit."

Jörg holt das Netz, nimmt Zettel und Geldbörse, und schon ist er draußen. Frau Müller schüttelt den Kopf über soviel Eifer.

Draußen auf dem Hof spielt Ralf, Jörgs Freund, mit ein paar Nachbarskindern.

„He, Ralf, kommst du mit einkaufen?" ruft Jörg.

„Einkaufen? Wieso denn das?"

Jörg tut geheimnisvoll. „Wirst schon sehen!"

„Willst du klauen?" fragt Ralf.

Jörg schüttelt den Kopf. „Nein, was anderes."

Ralf läß sich überreden. „Na schön, meinetwegen. Aber wehe, da ist nichts los!"

Ein paar Häuser weiter ist schon der Supermarkt.

Jörg holt den Zettel raus.

„Ein Paket Margarine", liest er laut vor, „eine Schale Äpfel, ein Sechserpack Bier und einen Backpinsel." Backpinsel? Da muß er die Verkäuferin fragen.

„Dahinten im Regal links", sagt sie.

„War's das etwa?" fragt Ralf mißtrauisch.

„Spinner", lacht Jörg. „Wart's ab!"

Schließlich haben sie alle Sachen zusammen und gehen zur Kasse. Da hat sich eine lange Schlange gebildet, denn heute ist Freitag, und die Leute kaufen fürs Wochenende ein.

Endlich sind Ralf und Jörg an der Reihe. Ralf ist neugierig. Aber nichts passiert. Die Kassiererin tippt die Preise ein. Jörg bezahlt und steckt das Wechselgeld ein. Die Frau schiebt seine Sachen weiter auf die Ablage.

Jörg packt den Margarinetopf aus der Verpackung und läßt sie auf der Ablage liegen. Unterdessen ist schon der nächste Kunde nachgerückt und will seine Sachen einpacken.

Die Kassiererin bemerkt die Stockung und fragt Jörg: „Stimmt was nicht?"

„Alles in Ordnung", antwortet Jörg und reißt den Plastiküberzug von der Schale mit Äpfeln.

Der Mann hinter Jörg sagt zur Kassiererin: „Gucken Sie bloß mal, was der Bengel da macht!"

Die Frau dreht sich um. „Los, beeil dich!" Da sieht sie die Kartonreste und die Plastikfetzen, während Jörg gemütlich die Äpfel einzeln in sein Netz packt.

„Sag mal, bist du total übergeschnappt?" schimpft sie.

Schon rufen einige Leute aus der Schlange: „Warum geht's nicht weiter? Wir haben unsere Zeit nicht gestohlen!"

Der Mann hinter Jörg sagt zu den anderen: „Der Bengel wirft die ganze Verpackung dahin!"

Jetzt drängen sich alle nach vorne. Alles schimpft durcheinander.

Ralf muß grinsen. „Gar nicht schlecht", flüstert er Jörg ins Ohr.

Da kommt auch schon der Filialleiter angelaufen. „Aber was ist denn ..."

Mitten im Satz bleibt er stecken, als er die Bescherung sieht. „Was soll denn der Müll hier?" fragt er Jörg.

„Das ist von den Sachen, die ich gekauft habe", sagt Jörg extra laut. „Das brauche ich nicht und lasse es gleich hier!"

92

„Hier?" wiederholt der Mann fassungslos.

„Ja, das verstopft nur unseren Mülleimer. Auf Wiedersehen!" Jörg und Ralf lassen alle stehen und gehen zum Ausgang. Einen Augenblick sind die Leute verblüfft. Dann brüllen sie wieder durcheinander: „Eins hinter die Ohren . . ." – „Ich find's lustig." – „Der Junge hat völlig recht. Große Verpackungen, und drin ist viel Luft!" – „Wenn das nun alle täten . . ." – „. . . dann gäbe es keine Verpackungen mehr!"

Jörg und Ralf sind längst draußen.

„Das war Klasse!" Ralf haut Jörg auf die Schulter.

„Die Idee ist nicht von mir, hab' ich aus dem Fernsehen. Ich wollte nur gukken, was die so machen."

„Wenn das jeder machen würde!" äfft Ralf den Filialleiter nach.

„Dann steht der ständig mitten in Kartons und Plastik und brüllt: ‚Halt, ich ersticke!'"

Die beiden prusten vor Lachen und laufen nach Hause.

Edgar Wüpper

Post vom Bach

Die Kinder sind sauer. Alle schweigen. Schließlich sagt Eva: „Da haben wir zwei Tage lang den ganzen Müll aus dem Bach geangelt – und jetzt das!"

„Der Wagen von der Stadt mußte dreimal fahren, damit alles wegkam."

„Ich bin noch ins Wasser gefallen!" Manuela schüttelt sich.

Michael lacht: „Und du hast die viel zu großen Gummistiefel von deinem Bruder angehabt, die auch noch voll Wasser gelaufen sind."

Im letzten Herbst hatten die Kinder den Bach aufgeräumt. Plastiksäcke, Lackdosen, alte Fahrräder, verrostete Eimer und sogar einen Kinderwagen zerrten sie an Land. Einfach alles, was normalerweise in die Mülltonne oder auf den Sperrmüll gehört.

Sogar der Bürgermeister hatte vorbeigeschaut und die Kinder gelobt. Michael rief ihm zu, er könne auch mitmachen. Da lachte der Bürgermeister nur und ging schnell weg.

Jedenfalls sah im Herbst der Bach wieder wie ein Bach aus. Aber jetzt im Frühjahr ist alles wie vorher. Plastiksäkke hängen wie Fahnen in den Bäumen, unter Autoreifen gluckst das Wasser, und Farbdosen schaukeln nahe dem Ufer. Die Arbeit der Kinder war völlig umsonst.

„Und was nun?" fragt Gisi.

„Ich weiß, wer das Zeug in den Bach

wirft. Erst gestern habe ich's wieder gesehen", sagt Wolfgang.

„Unser Nachbar war vor ein paar Tagen mit drei Säcken Abfall auch da", schimpft Eva.

„Und der Schmidt hat den ganzen Dreck vom Tapezieren mit der Schubkarre hinter die Brücke gefahren und abgeladen", meint Andrea.

„Ich hab' eine Idee!" ruft Inge plötzlich

„Das wird was sein." Michael ist mißtrauisch.

Aber dann stecken sie doch die Köpfe zusammen und tuscheln. Ihre Gesichter werden immer fröhlicher, sie kichern und brüllen vor Freude.

„Ja, Klasse. Das machen wir", sagt Eva.

Am nächsten Tag fahren die Kinder wieder mit Schubkarren und Handwagen zum Bach. Auch ein paar größere Jungen und Mädchen helfen mit.

Schnell ist aufgeladen. Das letztemal hatten sie alles zum Abholen an der Straße aufgeschichtet.

Diesmal fahren sie den Müll über die Straße und laden einen Teil direkt vor dem Haus der Bergers ab.

Die nächste Ladung kommt vor das Haus von Schmidts und der Rest an den Zaun von Familie Wilhelm.

Da kommt auch schon Gisi mit drei Holzlatten, an denen Pappen mit einer Aufschrift befestigt sind. Schnell schlägt sie mit dem Hammer an jedem Haufen Müll eine Stange in die Erde. Dann springen alle hinter die Büsche am Bach und verstecken sich.

Lange brauchen sie nicht zu warten, da geht bei Schmidts die Haustür auf. Frau Schmidt traut ihren Augen nicht, als sie all den Müll sieht, den sie und ihr Mann vor einigen Tagen mit viel Mühe an den Bach gekippt haben. Dann entdeckt sie die Holzlatte mit dem Schild. Neugierig tritt sie aus dem Gartentor und entziffert die Schrift. Da steht mit großen Buchstaben:

Annahme verweigert!
Der Bach

94

Edgar Wüpper

Die Glücksschwalbe

„He, Wolfgang, guck mal, die Schwalben sind wieder da!" ruft Claudia. „Bald wird's Sommer!"

Tatsächlich, Schwalben jagen um die Häuserecken. Sie schweben und gleiten. Sie holen Lehm aus Pfützen und Halme vom Bachufer für ihre Nester hoch oben unter den Dächern.

An Frau Heinzes Fachwerkhaus sind sie besonders fleißig.

Plötzlich erstarren die Kinder: Frau Heinze reißt ein Fenster auf und schimpft lauthals: „Blödes Viehzeug, ihr verschandelt mit eurem Mist die ganze Hauswand. Weg mit euch!" Sie versucht, mit einem Besenstiel die Schwalbennester wegzustoßen. „Zu kurz! Wartet, ich hole eine Bohnenstange. Freut euch nicht zu früh!" Sie schlägt das Fenster zu.

„Du, das macht die tatsächlich", meint Wolfgang.

„Ja." Claudia überlegt. „Wir müssen ganz schnell was unternehmen." Plötzlich zieht sie Wolfgang mit sich. „Ich hab' eine Idee, komm!"

Die beiden laufen gerade auf den Hof, als Frau Heinze aus der Haustür tritt und zum Schuppen geht. An dessen Wand gelehnt stehen die Bohnenstangen.

„Frau Heinze, Frau Heinze!" ruft Claudia atemlos.

„Was ist denn?" fragt sie zerstreut und wählt prüfend zwischen den Bohnenstangen. „Die ist lang genug", murmelt sie. Dann dreht sie sich fragend zu den Kindern um.

„Ja, Frau Heinze, wissen Sie denn nicht...?"

„Was denn?"

„Na, wie das Sprichwort heißt:

Hast du Schwalben am Haus,
bleiben Glück und Segen nicht aus.
Jagst du sie aber weg,
hast du zwanzig Jahre Pech!"

Frau Heinze stutzt einen Moment und schaut die Kinder etwas unsicher an. Als Claudia und Wolfgang wortlos nicken, stellt sie die Bohnenstange zögernd wieder zurück.

„Soso", sagt sie und zieht die Stirn in Falten. „Zwanzig Jahre Pech, sagt ihr? Na, die kann ich überhaupt nicht gebrauchen."

„Das sind Ihre Glücksschwalben", sagt Claudia, „ganz bestimmt!"

„Na hoffentlich habt ihr recht, und sie bleiben auch." Frau Heinze schaut vorsichtig hoch unters Dach, wo die Schwalben ihre Nester fertigbauen. Dann geht sie ins Haus zurück, schüttelt den Kopf und murmelt: „Na so was."

Claudia und Wolfgang machen vor Freude Luftsprünge.

„Toll!" staunt Wolfgang. „Wo hast du nur diesen Spruch her?"

„Ach, der ist mir ganz plötzlich einfach zugeflogen", grinst Claudia und zwinkert vergnügt den Schwalben zu.

Irina Korschunow

Keine Angst vor Türken

Ich heiße Martin. Wenn ich mittags aus der Schule komme, ist meine Mutter noch nicht da. Sie arbeitet bis halb zwei in einer Gastwirtschaft, und ich kann ruhig ein bißchen trödeln. Bei uns in der Straße wird ein neues Sparkassenhaus gebaut, da gibt es eine Menge zu sehen. Jeden Mittag gucke ich zu, wie das Haus größer und größer wird. Die Bauarbeiter und ich, wir kennen uns gut. Sie winken und rufen, wenn ich komme. Es sind fast nur Türken. Wenn sie deutsch sprechen, hört es sich komisch an. Aber das macht nichts. Hauptsache, ich verstehe sie.

Früher habe ich mich vor den Türken gefürchtet. Die Chefin von meiner Mutter hat lauter Schlechtes über sie erzählt,

bloß weil ein paar von denen mal in ihrer Wirtschaft Krawall gemacht haben. „Diesen Fremden darf man nicht trauen", hat sie gesagt. „Wenn man schon ihre Augen sieht! Zum Fürchten! Am besten gar nicht mit ihnen reden."

Meine Oma hat beinahe das gleiche gesagt, unser Hausmeister auch. Nur meine Mutter nicht. Die findet, es gibt überall Gute und Böse, und auch Deutsche machen öfter mal Krawall. Aber ich habe trotzdem Angst vor den Türken gehabt, und wenn ich an der Baustelle stand und einer mit mir sprechen wollte, bin ich schnell weggerannt. Die Türken haben gelacht und hinter mir hergerufen: „Junge! Nix laufen! Wir nix fressen Kind!" Doch ich bin weiter gerannt.

96

Bis ich eines Tages mal hingefallen bin.

Warum, weiß ich nicht.

Mein Kinn ist auf den Bordstein geknallt, und ich mußte heulen, ob ich wollte oder nicht.

Als ich so auf der Straße saß und heulte, standen plötzlich zwei Türken von der Baustelle neben mir. Sie hielten Bierflaschen in der Hand, weil gerade Mittagspause war. „Junge, nix weinen", sagten sie. „Kopf dran, Nase dran, bloß bißchen Blut."

Sie haben mich mit in ihre Baubude genommen und mir ein Pflaster aufs Kinn geklebt. Dann mußte ich eine Menge Schokolade essen. Eigentlich mag ich Salzstangen und Kartoffelchips lieber. Aber weil die Türken so freundlich waren und immer wieder „Viel essen! Essen gutt!" riefen, habe ich das nicht gesagt.

Seitdem lachen wir – die Türken auf dem Bau und ich – uns immer an und reden miteinander. Und wenn die Chefin von meiner Mutter und meine Oma und der Hausmeister jetzt behaupten, daß die Türken schlechter sind als andere, dann glaube ich es nicht mehr und sage das auch.

Irina Korschunow

Der Hund heißt jetzt Stummel

Ich heiße Doris. Unser Haus liegt in der Nähe eines Parkes. Gleich hinter dem Park ist das Schwimmbad, dort gehe ich oft hin. Meistens kommt meine Freundin Susanne mit. Aber in den großen Ferien ist sie gleich zu ihrer Oma gefahren, und ich bin allein zum Baden gegangen.

Abends, als ich durch den Park nach Hause ging, mußte ich mal. Ich habe mir eine einsame Stelle gesucht und mich hinter einen Busch gesetzt. Da sah ich eine Frau kommen. Sie hatte einen Hund an der Leine, solch einen kleinen grauen mit einem Stummelschwanz und Haaren über den Augen. Er ging neben ihr her und schnupperte und schnüffelte. An einem Baum blieb er stehen und hob das Bein.

Die Frau blieb auch stehen.

Sie blickte sich um, als ob sie etwas suchte. Dann band sie die Hundeleine an dem Baum fest und lief eilig weg. Der Hund winselte und versuchte sich loszureißen. Aber er schaffte es nicht.

Ich ging zu ihm hin. „Frauchen holt dich ja gleich wieder ab", sagte ich und streichelte sein graues Fell. Er kümmerte sich nicht um mich. Er winselte nur. Es hörte sich jämmerlich an.

Als ich am nächsten Morgen wieder durch den Park ging, war der Hund immer noch da. Er lag im Gras und ließ die Zunge heraushängen. Er sah durstig und traurig aus. Und weil er nicht mal eine Hundemarke am Halsband hatte, machte ich ihn los und nahm ihn mit nach Hause.

„Ach du je", sagte meine Mutter. „So ein armer Kerl." Sie gab ihm Wasser und einen Teller voll Büchsenfleisch. Er fraß alles auf. Dann setzte er sich auf die Hinterpfoten und wedelte mit dem Stummelschwanz.

„Vielleicht hätte sein Frauchen ihn doch noch geholt", sagte ich. Doch meine Mutter schüttelte nur ärgerlich den Kopf.

„Schönes Frauchen! Die wollte ihn loswerden, weiter nichts. In der Ferienzeit passiert so was oft. Erst schaffen sich die Leute einen Hund an, und wenn sie verreisen wollen, setzen sie ihn einfach aus. Irgendwo anbinden – weggehen – fertig. Und dann kommt das arme Vieh als Fundsache ins Tierheim."

„Der hier aber nicht!" rief ich. „Der bleibt bei uns! Wir haben ein Haus und einen Garten, da hat er Platz."

„Ach du je", sagte meine Mutter wieder. Sie hat nie einen Hund haben wollen, wegen dem Dreck und der Arbeit.

„Wir fahren doch bald nach Italien", sagte sie. „Und Papa..."

Aber mein Vater wollte den kleinen Grauen auch behalten. Und nach Italien sind wir trotzdem gefahren. Der Hund mußte nur geimpft werden, dann durfte er mit. Er heißt jetzt Stummel, und wir alle mögen ihn gern.

99

Irina Korschunow

Das Schwimmbad ist für alle da

Ich heiße Katrin. Ich habe noch einen großen Bruder und eine kleine Schwester. Sie heißt Angela und ist fünf, und sie kann nie laufen lernen, weil mit ihren Beinen etwas nicht in Ordnung ist. Wir sind deswegen sehr traurig, besonders meine Mutter. „Ihr dürft unsere Angela nie im Stich lassen", sagt sie immer wieder zu meinem Bruder und mir. „Ihr müßt für sie sorgen."

Das wollen wir auch. Angela soll es gut haben. Alle kranken Kinder sollen es gut haben. Niemand soll so gemein zu ihnen sein wie die Frau im Schwimmbad.

Das Schwimmbad liegt ganz nahe bei der Schule. Am vorigen Mittwoch ist Frau Walter mit unserer Klasse hingegangen. Nach dem Baden haben wir uns auf die Wiese gesetzt und Ball gespielt. Nicht weit von uns saß eine Frau mit einem Hund. Der Hund war nett, der bellte immer mit, wenn wir brüllten.

Nach einer Weile kam noch eine andere Schulklasse. Das waren lauter kranke Kinder. Sie hinkten, oder sie gingen ganz krumm, und bei manchen waren die Beine viel zu kurz. Zwei hatten überhaupt keine Arme, und ein paar wurden im Rollstuhl geschoben. Aber alle waren vergnügt. Sicher freuten sie

101

sich genauso wie wir, daß sie im Schwimmbad sein durften.

„Das sind Kinder aus der Schule für Behinderte", sagte Frau Walter. „Eigentlich könnten wir irgendwas zusammen spielen."

Sie wollte gerade aufstehen, da kam die Frau mit dem Hund.

„Das ist ja unerhört, daß diese Kinder in die Badeanstalt gelassen werden", sagte sie. „Man will sich hier doch erholen und nicht so was sehen. Für Ihre Schüler ist das doch auch nicht der richtige Anblick."

So was Gemeines! Ich mußte an unsere Angela denken und an ihre kaputten Beine, und am liebsten hätte ich der Frau ins Gesicht gespuckt. Ich war froh, als Frau Walter sagte: „Da bin ich aber ganz anderer Meinung. Wir gehören alle zusammen, die Gesunden und die Kranken. Jeder von uns kann morgen krank sein. Ihr auch, Kinder. Und möchtet ihr dann so behandelt werden?"

„Nein", riefen wir, und Frau Walter sagte noch: „Ihr Hund ist ja auch hier. Sind behinderte Menschen etwa weniger wert als ein Hund?"

Die Frau bekam einen roten Kopf vor Ärger, das freute mich. „Ich werde mich beim Bademeister beschweren", sagte sie. „Schließlich habe ich Eintritt bezahlt."

Da mußte ich wieder an Angela denken, und ich rief: „Frau Walter, darf ich schnell zum Bademeister gehen und ihm sagen, daß die Kinder hierbleiben sollen?"

Frau Walter nickte, und Jörg und Susanne gingen mit.

Der Bademeister tippte sich an die Stirn, als wir ihm das von der Frau erzählten.

„So eine Ziege", sagte er. „Gut, daß nicht alle Menschen so sind wie die."

Da waren wir froh, und wir sind zu den kranken Kindern gegangen und haben mit ihnen gespielt.

Irina Korschunow

Ein Schiff im Park

Ich heiße Jerzy. Ich stamme aus einem kleinen polnischen Dorf. Mein Urgroßvater ist früher einmal von Deutschland nach Polen gekommen, und eines Tages hat mein Vater gesagt: „Wir wollen in die Heimat zurückkehren. In Deutschland gefällt es uns vielleicht besser als hier."

Mir gefiel es gut bei uns zu Hause, ich wollte nicht weg. Aber meine Eltern haben sich trotzdem umsiedeln lassen, und jetzt sind wir in München. Das ist eine riesige Stadt. In einer einzigen Straße wohnen mehr Menschen als in unserem ganzen Dorf.

Ich mußte auch gleich zur Schule gehen. Das war scheußlich. Ich sprach damals nur ganz wenig deutsch, und die Kinder lachten, wenn ich etwas sagte. Nicht alle, nur ein paar. Aber ich dachte, die ganze Klasse lacht über mich. Deshalb sagte ich gar nichts mehr. Wenn der Lehrer mich fragte, antwortete ich nicht. Der dicke Michel Heider rief dann immer: „Jerzy doof", und die anderen lachten wieder. Am liebsten hätte ich sie verprügelt. Aber ich hatte keinen Freund, der mir half.

Seit wir in Deutschland sind, arbeitet meine Mutter in einer Fabrik, und nach der Schule bin ich immer allein. Bei schönem Wetter bin ich oft durch die Stadt gebummelt. Die vielen Menschen und die Autos und die Schaufenster und Hochhäuser und Kräne und Bagger und die U-Bahn und die Rolltreppen – das fand ich alles toll. Bei uns im Dorf hat es so was nicht gegeben, auch keinen Fernsehturm und keine Springbrunnen. Manchmal war ich richtig froh, daß wir in diese große Stadt gezogen sind. Aber ich brauchte bloß an die Schule zu denken, dann hatte ich wieder Angst vor dem nächsten Morgen.

Eines Tages bin ich in einen Park gekommen. Dort war es schön, beinahe wie in dem Wald bei unserm Dorf: hohe, dicke Bäume, und neben dem Weg floß ein Bach. Ich habe mich ins Gras gesetzt und ganz vergessen, daß ich in München war.

Da kam ein Junge. Ich erkannte ihn schon von weitem. Es war einer aus meiner Klasse, Uli hieß er. In der Hand trug er eine Plastiktüte.

„Tag, Jerzy", sagte er und setzte sich einfach neben mich.

Ich wurde wütend. Ich wollte keinen aus meiner Klasse hier im Park haben. Und ich dachte: Wenn der nicht gleich abhaut, kriegt er eine Abreibung. Er ist ja allein, und ich bin größer.

Aber Uli ging nicht weg. Er griff in seine Tüte. „Sieh mal", sagte er. „Ich hab' ein neues Schiff."

Es war ein schönes Schiff, rot und mit weißen Segeln. Zuerst wollte ich nicht hingucken. „Hau ab, laß mich in Ruhe",

103

sagte ich, bestimmt wieder in ganz falschem Deutsch. Aber Uli lachte nicht, er sprach mit mir wie mit irgendeinem anderen Jungen. Er erzählte von seiner Tante, die ihm das Schiff mitgebracht hatte. Da erzählte ich ihm auch etwas: von meiner Tante in Polen und von meinen Freunden und dem Teich im Dorf, und er lachte kein einziges Mal. Er stand auf und zog mich am Ärmel. „Komm mit", sagte er.

Wir sind zu einem kleinen See in der Nähe gegangen. Dort hat Uli das Schiff ins Wasser gesetzt. Er holte zwei Stöcke. Damit haben wir es vom Ufer weggestoßen.

„Das Schiff schwimmt", sagte Uli, und ich habe es nachgesprochen und ihm auch beigebracht, wie die Worte auf polnisch heißen.

Den ganzen Nachmittag haben wir mit dem Schiff gespielt, bis es dunkel wurde. „Morgen machen wir weiter", sagte Uli. „Kommst du wieder her?"

Dann sind wir zusammen nach Hause gegangen, und ich war nicht mehr wütend und traurig, und ich hatte keine Angst mehr vor dem nächsten Tag.

Margret Rettich

Die Treibjagd

Ein paar Tage nach Neujahr ist Treibjagd. Der Wald hinter dem Dorf gehört den Bauern gemeinsam. Bauer Erdmann, Bauer Rickmers, Bauer Grasemann und Kaufmann Erich, der einen Zipfel Wald geerbt hat, sind die Jäger.

Jeder, der außerdem mitmachen will, wird Treiber. Darum reißen sich selbst die größeren Kinder, denn nach der Jagd gibt es für alle ein gutes Essen.

Die Treiber müssen sich in einer langen Kette aufstellen, einer immer ein paar Meter vom andern entfernt. Dann marschieren sie los. Sie schreien dabei und klatschen in die Hände. Sie sollen das Wild aufscheuchen und es vom Wald her über das Feld auf die Jäger zutreiben. Martin ist zum ersten Mal dabei.

Fast hätten sie ihn nicht mitgenommen. Seine Beine sind noch zu kurz. In den Ackerfurchen liegt Schnee. Er muß lange Schritte machen. Niemand darf zurückbleiben, sonst bekommt die Treiberkette ein Loch, und das Wild kann entwischen.

Noch haben sie nichts aufgescheucht.

Martin schreit lauter als alle andern. Bald wird ihm heiß in der dicken Jacke. Er ist so außer Atem, daß er kaum noch nach Luft schnappen kann.

Der Wind weht eisig von vorn.

Martin stapft über das Feld. Er will nicht aufgeben. Er will es schaffen. Er will dabeisein, wenn es Suppe und Wurst und vielleicht sogar einen Schluck Grog gibt.

Doch nach und nach bleibt er zurück.

Mitten auf dem Acker steht eine alte Feldscheune. Ein Sturm hat das halbe Dach weggerissen. Die Wände haben Ritzen. Vorn und hinten in den Toren fehlen Bretter.

Die Treiber haben einen Bogen um die Scheune gemacht.

Martin denkt: Ich hole sie ein, wenn ich durch die Scheune renne und den Weg abkürze.

Er schlüpft hinein.

In der alten Feldscheune ist es dämmrig. Der Wind ist kaum zu spüren.

Einmal schreit Martin noch, dann ist er still. Er macht ein paar Schritte. Da hört er es hinter sich rascheln.

Martin dreht sich schnell um.

Im Stroh sitzt ein Hase. Er hat die Vorderpfoten angehoben, schnüffelt und starrt Martin an. Martin starrt den Hasen an.

Ich bin der Größte, denkt er, wenn ich den jetzt heraustreibe. Und die andern bekommen eins auf den Deckel,

106

weil sie die Scheune ausgelassen haben.

Der Hase sieht aus, als wüßte er, was Martin denkt.

Sie sehen sich eine Weile still an.

Plötzlich klatscht Martin in die Hände. Er ruft laut: „Mach, daß du wegkommst", und dabei springt er um den Hasen herum.

Der Hase hoppelt eilig und in Riesensprüngen in der Richtung davon, aus der Martin gekommen ist. Er saust durch eine Spalte im Tor, rast über das Feld und verschwindet im Wald.

Die Feldscheune hat ihn verdeckt.

Keiner der Jäger hat ihn gesehen. Martin zieht einen Tropfen hoch, der an seiner Nase hängt.

Er geht den Weg zurück.

Zu Hause zieht er die Stiefel und die dicke Jacke aus und setzt sich ans Küchenfenster.

Durch den Feldstecher kann er die Treiber beobachten.

Manchmal knallen Schüsse. Manchmal hört er das Rufen der Treiber.

Meinen Hasen erwischen sie nicht, denkt er zufrieden.

Dafür will er gern auf das gute Essen nach der Treibjagd verzichten.

Margret Rettich

Die Kuh

Erdmanns Hof ist der größte im Dorf.

Da gibt es Kühe, Schweine, Hühner und sogar zwei Pferde.

Außerdem gehören zum Hof viele Äcker und Wiesen und Wald.

Früher schafften hier Knechte und Mägde. Die meisten sind jetzt Arbeiter in der Fabrik, da verdienen sie mehr und haben viel mehr Freizeit.

Bauer Erdmann hat nie Freizeit.

Er muß allein die Felder bestellen, das Vieh versorgen und den Hof instand halten.

Einer der letzten Knechte, die er hatte, heißt Fritze Fischer. Auch er arbeitet jetzt

in der Fabrik. Er hat eine Frau aus der Stadt geheiratet. Ihre kleine Tochter heißt Marita.

Manchmal spielt Marita auf dem Erdmannshof, aber nur, wenn kein Tier in der Nähe ist. Marita hat Angst vor Tieren.

„Du willst ein Dorfkind sein?" wettert Bauer Erdmann. „Ein Arbeiterkind bist du, du gehörst in die Stadt und in ein Hochhaus!"

Marita hat Angst vor Bauer Erdmann.

In letzter Zeit spielt sie lieber auf der Straße, selbst wenn hier manchmal Autos fahren.

Heute klettert sie auf dem Zaun herum, der die Weide von der Straße trennt. Die Kühe sind ganz weit entfernt und können ihr nichts tun.

Da kommt ein Moped mit lautem Geknatter um die Kurve.

Ein Glück, daß Marita auf dem Zaun sitzt. Sicher hätte der Mopedfahrer sie sonst umgerissen. Marita erkennt ihn. Es ist Michel Kunze. Der ist erst zwölf. Marita überlegt: Darf der überhaupt schon mit dem Moped fahren? Sie weiß, es gehört dem Sohn vom Doktor. Vielleicht hat er es heimlich genommen.

Da kommt er schon wieder.

Michel gibt mächtig an. Er liegt ganz schräg in der Kurve. Und gibt Gas, daß sich Marita die Ohren zuhalten muß.

Als sie die Hände wieder von den Ohren nimmt, hört sie es stampfen. Sie dreht sich um. Die Kühe sind von dem Krach aufgescheucht worden und rennen in einem Haufen geradewegs auf sie zu. Marita duckt sich. Die Kühe stampfen vorbei. Nur eine nicht.

Diese Kuh setzt mit einem Satz über den Zaun, genau neben Marita.

Dann galoppiert sie die Dorfstraße entlang auf die Landstraße hinaus und auf den Wald zu, hinter dem die Autobahn liegt.

Marita ist erschrocken. Sie weiß, daß eine Kuh auf der Autobahn sehr gefährlich ist. Sie rennt auf den Erdmannshof, aber dort ist niemand. Sie klopft bei den Nachbarn, aber alle sind fort zur Arbeit.

Sie rennt wieder auf die Straße.

Die Kuh ist kaum noch zu sehen.

Da nimmt Marita einen Stock, der vor ihr im Sand liegt, und läuft hinter der Kuh her, die Dorfstraße entlang, auf die Landstraße hinaus, auf den Wald zu.

Das Unterholz ist dicht und verwildert. Die Dornen zerkratzen Maritas Beine. Die Äste schlagen ihr ins Gesicht. Aber sie findet schließlich die Kuh. Die steht unter einer kleinen Buche und knabbert an den Blättern. Marita hat nun gar keine Angst mehr.

„Los, komm", sagt sie mutig und stößt mit ihrem Stock die Kuh ans Hinterteil. Und die Kuh geht wirklich los. Sie trottet genau dahin, wohin Marita sie mit ihrem Stock treibt.

Es dauert lange, bis sie ins Dorf kommen. Die Kuh ist immer wieder stehengeblieben und hat Gras gezupft. Und Marita hat geduldig neben ihr gewartet.

Endlich sind sie am Weidezaun.

Marita macht das Gatter auf, gibt der Kuh noch einen Klaps mit der Hand und sagt: „Verschwinde!"

Am Abend kommt Bauer Erdmann zur Familie Fischer.

Er bedankt sich bei Marita wie bei einer Großen.

Er war Dünger einkaufen und hat nicht gesehen, was passiert ist. Aber Rickmers hat alles von seinem Feld aus beobachtet und es ihm erzählt.

Bauer Erdmann sagt zu Marita: „Bist doch ein richtiges Dorfkind!"

108

Margret Rettich

Der Tümpel

Der Junge heißt Moritz.

Er trägt eine Brille und hat längere Haare als die Dorfjungen.

„Brillenfilzkopp", schreien sie hinter ihm her.

Dann schubsen sie ihn, weil er in die Pfützen fliegen soll.

Moritz wohnt nicht besonders gern auf dem Dorf. In der Stadt hat es ihm besser gefallen – wenn er nur an all die Kaufhäuser und Kinos und Supermärkte denkt. Hier ist nichts los. Papa und Mama schwärmen jeden Tag davon, wie gut sie es nun haben im eigenen Haus mit dem Garten und der frischen Luft. Darauf pfeift Moritz.

Er kann niemandem erzählen, wie ihm zumute ist. Höchstens dem alten Opa Lüders, der immer allein auf der Bank vor seinem Haus sitzt. Der nickt zu allem, was Moritz sagt.

Moritz erzählt ihm, was die Dorfjungen hinter ihm herbrüllen. Und daß er ebenso flink und verwegen und kräftig ist wie sie. Und daß er lieber Freundschaft mit ihnen schließen würde. Vorher muß er es ihnen allerdings noch zeigen – irgendwie, irgendwas, irgendwann.

„Hast recht", Opa Lüders nickt.

Moritz ist noch nie auf einen Baum geklettert. Er kann nicht wissen, welche Äste stark genug sind, um ihn zu tragen. Er schrammt sich die Ellbogen auf und zerreißt obendrein den neuen Anorak.

„Brillenfilzkopp liegt auf der Nase", ruft Heini Erdmann.

Moritz springt über den Wassergraben, wo er am breitesten ist. Er rutscht aus und versinkt bis zum Gürtel im Wasser.

„Brillenfilzkopp hat die Hose voll", schreit der eine von Rickmers Zwillingen.

Der andere kann vor Lachen kaum geradestehen.

Moritz rennt hinter einem Karnickel her und versucht es mit der Hand zu fangen. Er gerät auf die Pferdekoppel, und nun jagen die Pferde ihn. Moritz hechtet in letzter Sekunde über das Gatter.

„Brillenfilzkopp hat Schiß", brüllen und lachen Erdmanns Heini und Rickmers Zwillinge.

Moritz ist verzweifelt. Wie lange werden sie noch das häßliche Wort hinter ihm herrufen? Wann sagen sie endlich MORITZ zu ihm?

Am Waldweg liegt hinter Büschen ein Tümpel.

Früher war das Wasser klar. Jetzt ist nur noch Schlamm drin. Überall liegt Schutt und Gerümpel herum.

„Ob sich der Brillenfilzkopp traut, hier zu baden?" fragt Heini Erdmann.

„Nie und nimmer", sagen die Zwillinge.

„Ihr traut euch selber nicht", sagt Moritz.

Jetzt wird er ihnen zeigen, daß er mehr Mut hat als sie. Er zieht die Schuhe aus und krempelt die Jeans hoch. Dann watet er in den Schlamm. Mehr als drei Schritte gelingen ihm nicht. Sein rechter Fuß steckt in einer Blechdose, um das linke Bein hat sich ein ekliger Lumpen gewunden. Überall auf dem Grund liegen verrostete Räder, alte Matratzen, Scherben, Mauersteine und wer weiß was noch.

Moritz watet vorsichtig zurück. Er setzt sich auf einen morschen Schweinekoben und zieht die Schuhe wieder an. Es ist heiß und still. Nur Brummer summen.

Er hört, wie die drei über ihn lachen. Sie hocken irgendwo im Gebüsch.

Hoffentlich hecken sie nichts aus, denkt Moritz. Als er Schritte hört, kriecht er hinter den Koben und lugt vorsichtig hervor.

Ein Mann, den Moritz noch nie gesehen hat, stapft auf den Tümpel zu. Er zerrt etwas in einem Sack hinter sich her. Am Ufer knotet er den Sack auf und wirft einen alten Mauerstein hinein. Er knotet ihn wieder zu, schwenkt ihn über den Kopf und schleudert ihn mitten in den Tümpel. Danach verschwindet er.

Moritz sieht dem Mann nach.

Er hört, wie Erdmanns Heini sagt: „Was meint ihr, Hund oder Katze?"

Plötzlich begreift Moritz.

Er überlegt nicht. Mit Schuhen rennt er in den Tümpel und stürzt sich in den

111

Schlamm. Weil er jetzt nicht barfuß ist, kann er besser über alles hinwegrutschen, was da liegt. Einmal versinkt er fast bis an die Hüften. Trotzdem kommt er schnell dorthin, wo der Sack versunken ist.

Moritz holt Luft, hält sich mit einer Hand die Nase zu, taucht und fischt mit der anderen Hand umher. Er muß dreimal auftauchen und atmen. Dann hat er den Sack.

Es ist nicht einfach, ihn ans Ufer zu zerren. Der Stein ist schwer. Und da ist noch etwas, das sich wehrt und wild strampelt. Erdmanns Heini und die Zwillinge helfen ihm das letzte Stück ziehen. Sie stülpen auch den Sack um, während Moritz den Morast aus seinen Schuhen leert. Zuerst rollt der Stein aus dem Sack, danach ein nasses Bündel.

„Lebt noch", sagt der eine Zwilling und schüttelt es so lange, bis es schwarzen Schlamm spuckt.

Das Bündel ist ein Hund. Er hockt in der Sonne, japst noch eine Weile – und dann wedelt er ein klein wenig mit dem Schwanz.

„Der Kerl, der Schuft, der Schurke", schreit Moritz mit einem Mal, „ich tu' ihm was, wenn ich ihn erwische!"

„Kannst mit uns rechnen, Moritz", sagen die drei anderen Jungen.

Dann tragen sie den Hund vorsichtig auf dem Sack zu Moritz nach Hause.

Schule und Freizeit

Irina Korschunow

Meine Lehrerin mag mich nicht

Ich heiße Markus. Ich gehe in die zweite Klasse. Früher hatten wir Frau Mai als Lehrerin. Frau Mai konnte ich alles erzählen: von dem Aquarium bei uns zu Hause und von meinem Hamster und von meiner Oma, die so krank war.

Aber dann ist Frau Mai weggegangen, und wir haben Frau Beck bekommen. Seitdem gefällt es mir in der Schule nicht mehr.

Gleich am ersten Morgen, als Frau Beck auf Frau Mais Stuhl saß, habe ich mich vor ihr gefürchtet.

An dem Morgen bin ich nämlich zu spät gekommen. In der Ungerstraße waren zwei Autos zusammengeknallt. Ich habe eine Weile zugeguckt, und als ich in die Klasse kam, saß Frau Beck am Lehrertisch.

Ich wollte von dem Unfall erzählen. Aber sie sah mich so streng an, daß ich vor Schreck nichts sagen konnte. Und ausgerechnet an dem Tag hatte ich noch mein Rechenbuch vergessen!

„Das gefällt mir! Zu spät kommen und bloß die Hälfte mitbringen!" sagte Frau Beck. Da fing ich auch beim Lesen an zu stottern. Und am nächsten Tag konnte ich mein Gedicht nicht richtig.

„Na, Markus, das ist aber kein schöner Anfang mit uns beiden", sagte Frau Beck. „Hoffentlich wird es beser."

Aber es wurde immer schlechter. Frau Beck brauchte mich nur anzusehen, gleich sagte ich etwas Falsches. Dann meckerte sie wieder. Und meine Hausaufgaben strich sie auch dauernd durch.

„Du mußt dir mehr Mühe geben, Markus", sagte sie. Dabei gab ich mir ja Mühe. Es nützte nur nichts.

Die mag mich nicht, dachte ich. Die kann mich nicht leiden.

Doch gestern ist etwas passiert, das muß ich erzählen. Gestern durfte jeder malen, wozu er Lust hatte. „Irgend etwas, das euch besonders gut gefällt", sagte Frau Beck. Da habe ich unser Aquarium gemalt. Ich malte die roten und blauen und silbernen Fische, das grüne Wasser und die Pflanzen. Ich dachte nur noch an mein Bild und nicht an Frau Beck.

Als ich fertig war, kam Frau Beck an meinen Tisch.

Jetzt meckert sie wieder, dachte ich.

Aber Frau Beck meckerte überhaupt nicht. Sie sagte: „Das ist schön geworden, Markus!"

Sie hielt mein Bild hoch, damit es alle sehen konnten. Und dann fragte sie: „Schenkst du es mir? Ich möchte es zu Hause an die Wand hängen."

Wirklich, das hat sie gesagt! Und ich glaubte doch immer, sie könne mich nicht leiden.

Ob ich die ganze Zeit etwas Falsches gedacht habe? Vielleicht stimmt es gar nicht, daß Frau Beck mich nicht mag.

Irina Korschunow

Vielleicht wird alles gut

Ich heiße Lena. Ich bin ziemlich schlecht in der Schule. Ich kann nicht gut lesen, und beim letzten Diktat hatte ich achtzehn Fehler.

„Achtzehn Fehler, Lena!" hat Frau Kammer gesagt. „Ich glaube, du mußt dich etwas mehr anstrengen, sonst wirst du womöglich nicht versetzt."

Ich habe einen großen Schreck bekommen, als ich das hörte. Ich will nicht sitzenbleiben. Ich will in keine andere Klasse gehen. Ich mag Frau Kammer gern. Und ich möchte weiter neben Regine Öhme sitzen, so wie jetzt.

„Bitte doch deine Mutter, daß sie jeden Tag mit dir lernt", hat Frau Kammer noch gesagt. „Dann wird es schon werden."

Aber meine Mutter kann nicht mit mir lernen. Sie geht nachmittags arbeiten. Ich bin die Älteste, ich muß aufräumen und einkaufen.

Um vier kommt mein Vater, der schimpft soviel. Er stellt auch gleich den Fernseher an, und meine Geschwister toben herum, und dabei soll ich Schularbeiten machen. Mein Bett steht im Wohnzimmer, und meistens kann ich nicht einschlafen, weil der Fernseher läuft.

Das alles hätte ich gern Frau Kammer erzählt. Ich traute mich nur nicht. „Was bei uns los ist, braucht niemand zu wissen", sagt meine Mutter immer.

Als die Schule aus war, wollte ich am liebsten mit keinem reden. Doch Regine kam hinter mir hergerannt.

Regine ist noch nicht lange in unserer Klasse. Sie hat sich am ersten Tag ganz von allein neben mich gesetzt, und mittags gehen wir oft zusammen bis zur großen Kreuzung.

„Sei doch nicht so traurig", sagte sie. „Ich habe auch elf Fehler. Aber meine Mutter diktiert mir jetzt jeden Tag eine Seite, das hilft bestimmt. Das mußt du auch machen."

Plötzlich bin ich wütend geworden. Die hatte ja keine Ahnung! „Halt doch die Klappe!" habe ich sie angebrüllt, und dann mußte ich heulen.

Regine ist neben mir stehengeblieben. „Was ist denn los?" hat sie immer wieder gefragt. Da habe ich ihr alles erzählt. Sie hat zugehört und ein ganz komisches Gesicht gemacht und nichts mehr gesagt. Kein Wort. Nicht mal „auf Wiedersehen".

Zu Hause stand ein Haufen Geschirr herum, das mußte ich abwaschen. Danach bin ich auf die Straße gegangen. Schularbeiten habe ich nicht gemacht. Ich habe mich auf die Treppenstufen gesetzt und gedacht: Es hat ja doch keinen Zweck.

Auf einmal stand Regine neben mir. „Tag, Lena", sagte sie. „Ich will dich abholen."

„Warum denn?" fragte ich und dachte: Das meint sie ja doch nicht ernst.

„Du sollst mit zu uns kommen", sagte sie. „Dann können wir zusammen mit meiner Mutter Diktat üben."

„Warum denn?" fragte ich wieder, und da sagte Regine: „Weil du versetzt werden sollst. Ich möchte gern mit dir in einer Klasse bleiben."

Wirklich, das hat sie gesagt. Genau so! Zuerst wollte ich es immer noch nicht glauben. Aber dann bin ich mit zu ihr gegangen, und vielleicht wird jetzt alles gut.

Hans Gärtner

Sonderbarer Einkaufszettel

Jeden Freitag bekam Uwe den Einkaufszettel mit. Den steckte ihm Mutter in die schmale Reißverschlußtasche vorne am Schulranzen.

Uwe ging nach dem Unterricht geradewegs zum Supermarkt. Dort gab er dann den Einkaufszettel Fräulein Ella, der Verkäuferin. Sie und Uwes Mutter kannten sich gut.

Fräulein Ella richtet die Waren, die Mutter aufgeschrieben hatte, immer schon mal her. Bis dann Uwes Mutter aus dem Büro kommt und ihren Sohn und die Waren abholt.

Fräulein Ella war eine große junge Dame mit seidigem blondem Haar. Sie schenkte Uwe jedesmal einen Kaugummi. Immer denselben, mit Fruchtgeschmack. Den mochte Uwe nicht. Aber er schob ihn immer vor Fräulein Ella ganz genüßlich in den Mund und lächelte dabei.

Uwe freute sich auf die Freitage. Nicht wegen des Kaugummis mit Fruchtgeschmack. Sondern wegen des Einkaufszettels. Auf den schrieb Mutter nämlich meistens auch etwas Lustiges oder etwas Komisches oder etwas Unwahrscheinliches für Uwe.

„Aber erst im Supermarkt lesen!" sag-

te Mutter dann immer. Und daran hielt sich Uwe. Eisern.

„Guten Tag, Uwe!"

„Tag, Fräulein Ella!"

„Na, was soll's denn heute sein?"

„Moment, bitte! Ich muß selbst erst mal den Einkaufszettel lesen."

Uwe las heute:
2 Kilo Birnen
4 Joghurt
1 Dose feine Erbsen
T
1 Päckchen Haferflocken
2 Stück Butter
2 Liter Milch
Kopfsalat
NT (tiefgefroren)
Kaffee (Marke Spezial)
Rote BT
Kochschokolade

„Verstehen *Sie* das?" Uwe mußte lachen. Er konnte mit T und NT und BT nichts anfangen. Damit ist bestimmt das Lustige oder Komische oder Unwahrscheinliche für mich gemeint, dachte Uwe.

„Lustig", bemerkte Fräulein Ella. Als ob Fräulein Ella Gedanken lesen könnte. „Was machen wir denn nun mit den komischen Buchstaben? Ich weiß nicht..."

Was das nur bedeuten könnte? Uwe kniff die Augen zusammen. „T ... T ... T ...! Natürlich, jetzt weiß ich's: Tee! Und NT? Also NT ...! Ente, tiefgefroren! Ja, das könnte es sein! Und Rote BT kann dann nur heißen: Rote Bete."

Den Tee fand Uwe nicht so schnell wie die Ente in der Tiefkühltruhe und das Glas mit der Roten Bete.

Als Fräulein Ella einen vollgefüllten Einkaufskorb heranfuhr, legte Uwe das Päckchen Tee, die eiskalte Ente und das Gemüseglas dazu. Fräulein Ella erklärte er, was er herausbekommen hatte. „Durch scharfes Nachdenken!" bemerkte Uwe.

„Bist ein schlaues Bürschchen, Uwe!" sagte die Verkäuferin. Sie schenkte ihm einen Kaugummi mit Fruchtgeschmack.

„Schenken Sie mir, bitte, auch einen Zettel von Ihrem Rechnungsblock?"

Uwe holte seinen blauen Filzschreiber aus seinem Mäppchen und schrieb Mutter einen Brief. Den sollte sie bekommen, wenn sie ihn gleich abholen kam:

Liebe Mami!
Ich gb zu, Deine ID war toll! Hast Du gedacht, ich bin ein dummer SL? Ich habe alles rausgebracht, was auf dem ZL stand. LA fand das auch lustig. ND.

Dein UW.

119

Hans Gärtner

Wenn das e und das i keine Freunde mehr wären

Einst sagte das e zum i: „Ei", sagte es, „wir zwei, wir halten fein zusammen! Gib mir deine Hand und laß sie nimmer aus! Denn schau: Hielten wir nicht alleweil gute Freundschaft, so wäre
    der Reisbrei verdorben,
    das Speiseeis zerschmolzen,
    das Schweinefleisch verbrutzelt.

Und so viele hübsche Sachen, die die Kinder gerne haben, gäbe es gar nicht mehr:
    keine Freizeit,
    keine Steigleitern,
    keine Preisausschreiben,
    keine Weihnachtsfeiern,
    keine Leibspeisen,
    keine Hochzeitskleider,
    keine Streichholzspielereien und
    keine weißen Kreidestückchen!"

„Aber", so meinte das i, „manches wäre auch aus der Welt geschafft, das eigentlich besser draußen bliebe:
    Streit,
    Neid,
    Pein,
    Geschrei und Gekreisch,
    Heimweh und Herzeleid
    und all die leidigen Keilereien."

„Ja, und auch die gegenseitigen Preistreibereien und die allseitigen Scheinheiligkeiten, die wären dann auch abgeschafft", stimmte das e zu.

Nun waren sie ratlos, das e und das i.

„Sollten wir uns vielleicht doch lieber trennen?" sinnierte das e.

Das i schüttelte den Kopf:

„Wer weiß! Alles im Leben hat seine zwei Seiten. Fest steht eins: Wenn wir klein beigeben, so können die Kinder nicht mehr

    feiern und speisen
    leimen, verreisen,
    gleiten und kreisen,
    nichts mehr beweisen..."

„Du fängst ja an zu dichten", bemerkte das e. „Du brauchst gar nicht so weit zu gehen. Denn hielten wir nicht zusammen wie Pech und Schwefel, so wäre es um eines ganz sicher geschehen: ums Ei!"

Hans Gärtner

Das b und das o

„Dreh mich mal rum!" sagte das b zum o.

„Wieso?" fragte das o. „Wird dir denn davon nicht übel?"

„Red kein Blech. Mach schon, was ich dir sagte!" befahl das b.

„Dann, bitte, erklär mir wenigstens, wie rum ich dich drehen soll: So rum oder so rum oder so rum..." bat das o.

„Das ist mir egal", sagte das b und wurde schon recht ungeduldig. „Und dir, mein Liebes, kann es wurschtegal sein. Denn wundern wirst du dich so und so."

Das b strahlte übers ganze Gesicht, stellte sich kerzengerade hin und strich sich behaglich über seinen dicken Bauch:

b

Das o packte also wohl oder übel das b bei seinem runden Bäuchlein und drehte es einmal um sein steifes Rückgrat.

„Halt", schrie da das b, „jetzt ist es genug!" Und stand so da:

d

„O!" machte da das o. „Oho! Man kennt dich nicht mehr. Du bist verwandelt. Du bist ein d." Rasch drehte sich das b, das jetzt ein d geworden war, wieder um und plusterte sich auf: „Na, was sagst du? Toll, was? Du wirst dich noch wundern, mein Liebes, wenn du mich erst nach unten klappst..."

„... nach unten klappst..." wiederholte das o und zögerte nicht, es gleich zu tun. „O, oho!" Jetzt bekam das o große Augen, als es auf einmal ein

p

vor sich hatte. Das o berührte das p ein ganz klein wenig, und, schau einer an!, es wendete sich und war ein

q

Dem kleinen o wurde angst und bange. „Wie soll ich es bloß anstellen, daß ich mein b wiederkriege?" jammerte es. „O!" rief es jetzt und „Oho! Ich weiß schon...!" kippte das q von unten nach oben, drehte es schnell nach rechts rüber und war froh, als es seinen alten Bekannten wiederhatte. „Das will ich auch ausprobieren", rief das o begeistert. „Los! Dreh mich, klapp mich, kipp mich, wend mich! Tu mit mir, was du willst! Ich will sehen, was aus mir alles werden kann!"

Das b zog eine Schnute, so gut es das konnte, und begann, das o zu drehen, zu klappen, zu kippen und zu wenden. Aber oje! Aus dem o wurde nichts anderes. Es blieb, wie man's auch drehen und wenden mochte, ein o, ein einfaches kleines o.

„Schade, jammerschade", sagte das o. „Ich muß wohl bleiben, was ich bin." Und das o weinte ein bißchen.

Da zog das b das o ganz nahe zu sich heran, drückte es fest an sich, so lange, bis sich das b das o einverleibt hatte:

b

„O", sagte da das o und „Oho! Da habe ich ein schönes Versteck, wenn mich die Kinder suchen."

Und die beiden, das b und das o, waren so dicke Freunde wie nie zuvor.

123

Hans Gärtner

Klasse! Eine ABC-Klasse!

Es gab – irgendwo, irgendwann – einmal eine Schulklasse, in die gingen fünfundzwanzig Kinder. Die Lehrerin hieß Anna-Belle Cratzius. Aber niemand nannte die Lehrerin Anna-Belle Cratzius „Anna-Belle Cratzius". Das war viel zu lang und viel zu schwierig auszusprechen. Viel kürzer und leichter war ABC. A für Anna, B für Belle, C für Cratzius.

Denk nicht, die Lehrerin Anna-Belle Cratzius hätte etwas dagegen gehabt, daß sie einfach ABC genannt wurde. Im Gegenteil: Anna-Belle Cratzius fand das ziemlich lustig.

Die Kinder und die Kolleginnen und Kollegen an der Schule übrigens auch. „ABC – das paßt zu unserer Schule wie das Tüpfelchen aufs i", sagten sie.

Eines Morgens kam Anna-Belle Cratzius aufgeregt in die Klasse. Aus ihrer Arbeitstasche waberte ein durchscheinendes Folienblatt, wie man es zum Auflegen auf einen Tageslichtschreiber braucht.

Anna-Belle Cratzius stellte, wie jeden Morgen, ihre Arbeitstasche auf den Lehrertisch. Aber sie wartete nicht, wie sonst immer, das Klingelzeichen ab. Sie grapschte das Folienblatt, stellte sich vor die Klasse und räusperte sich. Es war mucksmäuschenstill.

„Kinder! Jetzt schlägt's dreizehn!" begann Anna-Belle Cratzius, räusperte sich ein zweitesmal und fuhr fort: „Bei uns scheint's nicht mit rechten Dingen zuzugehen . . ."

Die Kinder blickten einander an. Eines kicherte, ein anderes fragte: „Was soll denn das heißen, ABC?"

„ABC – das ist es ja gerade!" gab Anna-Belle Cratzius zurück und nestelte an ihrer Jacke. „Also, hört zu!"

Da schrillte das Klingelzeichen zum Unterrichtsbeginn. Doch niemand gab etwas darauf.

„Gestern abend", so berichtete Anna-Belle Cratzius, „gestern abend tippte ich für den Rektor eine Schülerliste. Ihr wißt, was das ist: eine Aufstellung mit allen Namen der Schüler unserer Klasse. Dabei sollte ich eure Familiennamen nach dem ABC ordnen. Ich weiß selber nicht, wie es kam; aber ich hatte die Sache ganz falsch angepackt: Statt eure Familiennamen nach dem ABC aufzuschreiben, nahm ich – Gott weiß, warum – eure Vornamen her. Und dabei stellte sich heraus . . ."

Anna-Belle Cratzius unterbrach sich, weil sie kräftig den Kopf schütteln und hellauf lachen mußte.

„Nun sagen Sie schon, was los ist!" drängte Axel.

Doch Anna-Belle Cratzius sagte nichts mehr. Sie knipste den Tageslichtschreiber an und legte das Folienblatt auf. Alle konnten nun die Namenliste an der weißen Schulzimmerwand lesen:

Axel Kind
Bina Stern
Carlos Fink
Doris Sparrer
Evi Guth
Florian Traxl
Gabi Liebhardt
Hannes Gärtner
Iris Blachian
Josef Prinz
Kurt Evers
Laura Brechtel
Marion Förg
Norbert Müller
Oliver Wenz
Petra Birner
Quirin Sachel
Roland Koenig
Sara Welker
Thomas Angerer
Uwe Lindt
Vera Lassion
Wilfried Zischka
Xaver Freytag
Zenta Vierler

Anna-Belle Cratzius brauchte diesmal nicht erst, wie sie das sonst immer tat, zu fragen: Wem fällt etwas auf?

„Das gibt's doch nicht! Das ganze ABC mit unseren Vornamen! Klasse! Wir sind eine ABC-Klasse mit einer ABC-Lehrerin!" Das war wieder Axel, der ganz oben auf der Liste stand und auch sonst in der Klasse das große Wort führte.

„Stimmt gar nicht!" bemerkte Roland. „Ein Name mit Y fehlt. Guck doch genau hin! Außerdem: Wir sind nur fünfundzwanzig. Und das ganze ABC hat sechsundzwanzig Buchstaben."

Damit hatte Roland recht. Selbst Anna-Belle Cratzius blinzelte ein wenig und räusperte sich zum drittenmal. „Pech gehabt", sagte Anna-Belle Cratzius, „ich glaubte schon..."

Da klopfte es. Anna-Belle Cratzius öffnete. Der Rektor erschien mit einem

Mädchen. Es hatte den Schulranzen aufgeschnallt. „Die neue Schülerin", sagte der Rektor. Er schaute in die Klasse, übergab das Mädchen der Lehrerin und ging.

„Die soll neben mir sitzen", rief Gabi. Und Anna-Belle Cratzius geleitete die Neue an ihren Platz.

„Aber sag uns doch zuerst, wie du heißt!" forderte Anna-Belle Cratzius die Neue freundlich auf.

„Yvonne Keller!" Das klang kleinlaut, ein wenig verschämt. Aber alle hatten es gehört. Yvonne Keller.

Jetzt brach ein Gejohle und Geschrei, ein Gepolter und Gekreisch los. „Yvonne, Yvonne – du hast uns gerade noch gefehlt! Mensch, das darf doch nicht wahr sein!"

Alles drängelte sich an die Neue heran, stupste sie, versuchte sie bei den Händen zu fassen und in die Höhe zu heben.

Yvonne aber stand ganz ratlos und verdattert da. Sie konnte ja nicht wissen, was der ganze Spektakel bedeutete. Sie wunderte sich nur, daß sie so herzlich und fröhlich begrüßt wurde.

Irina Korschunow

Florian kommt mit zum Schulausflug

Ich heiße Anja. Ein Junge aus unserer Klasse, der Florian, hatte sich im Mai ein Bein gebrochen. Er bekam einen dicken Gipsverband, damit humpelte er in der Schule herum. Der ganze Sommer war hin für ihn. Nicht mal schwimmen konnte er.

Eines Tages sagte unser Lehrer, daß wir einen Schulausflug machen wollten.

„Hat jemand einen Vorschlag?" fragte er.

„Zum Buchsee!" riefen wir sofort.

Der Buchsee liegt mitten im Wald. Er ist warm und ganz flach. Sogar Nichtschwimmer können in ihm baden. Der Weg zum Buchsee ist nicht weit, und

mitten in der Woche sind kaum Leute dort.

„Gut, wandern wir zum Buchsee", sagte unser Lehrer, und wir freuten uns alle auf den Ausflug. Bloß Florian freute sich nicht. „Und ich kann wieder nicht mit", sagte er.

„Du hast dafür einen Tag schulfrei", sagte unser Lehrer.

„Baden darfst du ja sowieso nicht", meinte Jochen Schmidt, der sich dauernd mit Florian zankt. Es klang ziemlich schadenfroh. Das ärgerte mich.

„Deswegen könnte er ja trotzdem mitkommen", sagte ich. „Vielleicht kann er mit dem Rad fahren."

126

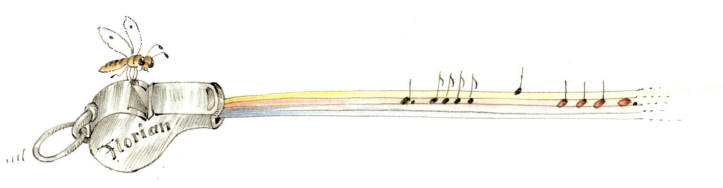

„Geht doch nicht mit dem Gips", sagte Florian.

„Und wenn wir eine Bahre bauen?" schlug Kurt Mielke vor. „Und ihn abwechselnd tragen?"

„Ich lege mich doch nicht auf eine Bahre!" sagte Florian wütend.

„Aber ein Handwagen wäre gut! In einen Handwagen könntest du dich setzen! Dann ziehen wir dich!" rief Christine Hesse, und Rolf Hansen sagte: „Wir haben zu Hause einen Handwagen, der ist groß genug. In den paßt du bestimmt rein."

Florian schüttelte zuerst den Kopf. „Ist ja alles Blödsinn", sagte er. Aber dann war er doch einverstanden.

Gleich am nächsten Tag brachte Rolf Hansen den Handwagen mit. Zum Ausprobieren. Florian konnte bequem darin sitzen.

„Er braucht nur noch ein Kissen", sagte Rolf Hansen. „Und den Wagen müssen wir mit Bändern und Fähnchen schmücken."

„Du spinnst wohl. Ich bin doch kein Pfingstochse", sagte Florian.

Aber Rolf Hansen hatte sowieso nur Spaß gemacht.

Der Schulausflug ist sehr lustig geworden. Eigentlich der lustigste von allen. Zwei von uns haben den Handwagen gezogen, zwei haben geschoben, und die andern sind nebenher gelaufen und haben Quatschlieder gesungen. Am Buchsee hat Florian sich ins Gras gesetzt und uns beim Baden zugeguckt. Und bei den Spielen war er genauso vergnügt wie alle anderen.

Irina Korschunow

Lieber Regen als Stau

Ich heiße Claudia. Wir wohnen in Nürnberg, meine Eltern, Julchen, Flori und ich. In den Ferien waren wir meistens bei meinen Großeltern im Bayerischen Wald. Dort gefiel es uns gut. Nur geregnet hat es so oft. Deshalb wollten wir im vorigen Jahr mit unserem neuen Wohnwagen nach Jugoslawien fahren.

„Wir starten morgens um vier", sagte mein Vater. „Dann sind die Straßen leer."

Aber als wir auf die Autobahn kamen, war dort ein Betrieb wie in der Stadt zu Weihnachten: deutsche und ausländische Nummern, ein Wagen hinter dem andern.

„Da ist ja ganz Europa unterwegs", sagte mein Vater. „Na, wird schon nicht so schlimm werden."

„Hoffentlich", sagte meine Mutter.

Doch es wurde noch viel schlimmer. Immer mehr Autos kamen, immer mehr. Und heiß war es auch. Die Sonne knallte nur so aufs Dach. Julchen, Florian und ich konnten es kaum aushalten. Wir quengelten und zankten uns den ganzen Morgen.

„Frieden!" sagte mein Vater. „Sonst kehren wir wieder um."

„Wäre vielleicht das beste", murmelte meine Mutter.

Wir krochen weiter wie die Schnek-

ken, bis zur Salzburger Autobahn. Dort war es ganz aus. Wir steckten mitten im Stau. Nur alle fünf Minuten ging es ein paar Meter vorwärts. Und diese Hitze! Am liebsten wäre ich aus dem Auto gesprungen.

Julchen, die erst vier war, fing an zu weinen. „Ich will nach Hause! Ich will nach Hause!" heulte sie.

„Sei still! Sonst passiert was!" brüllte mein Vater.

Sein Gesicht war beinahe so rot wie das Hemd, das er anhatte. Und meine Mutter sah aus, als ob sie auch gleich heulen würde. Nur Flori schlief. Der schläft immer.

Nach langer Zeit kamen wir wieder ein Stück weiter. Und plötzlich fuhr mein Vater von der Autobahn ab. Er fuhr bis zu einem Waldweg. Dort stieg er aus und ließ sich ins Gras fallen. Wir anderen machten es ebenso. Schnaufend lagen wir da und sagten eine Weile gar nichts.

„Und jetzt?" fragte meine Mutter schließlich.

„Jetzt fahren wir an den Chiemsee", sagte mein Vater. „Der ist hier ganz in der Nähe. Und dort bleiben wir. Mich jedenfalls kriegen keine zehn Pferde mehr auf die Autobahn. Einverstanden?"

„Und wie", sagte meine Mutter. „Lieber Regen als noch mal dieser Stau."

Das fanden wir alle. Und am Chiemsee ist es dann sehr schön geworden. Unseren Wohnwagen haben wir auf einem Bauernhof abgestellt. Dort gab es Kuhstallmilch und frische Eier. Der See war fast so warm wie die Adria. Baden konnten wir und rudern und segeln, und Pilze im Wald suchen und Bergtouren machen und noch viel mehr. Geregnet hat es höchstens dreimal. Und im nächsten Jahr fahren wir wieder hin.

Ursel Scheffler

Mathematik im Zirkus

„Heute ist ein Neuer gekommen!" erzählte man sich in den Tierzelten.

„Ich hab' ihn gesehen: Er ist grau wie ein Elefant, kleiner als ein Pferd und kann nichts als i-a schreien!" berichtete der Papagei.

„Das ist ein Esel, bloß ein dummer Esel", sagte das Zebra.

„Was sucht einer wie er beim Zirkus?" wunderten sich alle anderen.

Sie waren alle besonders groß, besonders schön, besonders schlau, besonders geschickt, oder sie kamen aus besonders weit entfernten Gegenden, wie das Känguruh und die Pinguine.

„Wetten, daß er nicht einmal schwimmen kann?" sagte der Seelöwe.

„Wetten, daß er nicht einmal singen kann?" sagte der Kakadu.

„Wetten, daß er nicht einmal brüllen kann?" sagte der Löwe.

In diesem Augenblick kam der Neue auf die Zirkuswiese. Ein Mann im blauen Arbeitsanzug war bei ihm und rief: „Drei plus drei minus zwei!"

Da fing der Esel an, mit dem rechten Vorderhuf auf der Wiese zu scharren.

„In welcher Sprache redet der Mann zu ihm?" wunderte sich der Löwe, der viele Länder gesehen hatte.

„Das ist keine Sprache. Das ist Mathematik", sagte der Rabe, der jahrelang bei einem Zauberer die Bücher umgeblättert hatte und daher klüger war als andere Tiere.

„Acht minus fünf!" rief der Mann.

Der Esel kratzte dreimal auf dem Boden und bekam als Belohnung eine Möhre dafür.

„Seht euch das an! Kein Mensch schenkt mir eine Möhre, wenn ich die Wiese zerkratze!" beschwerte sich das Pferd.

„Probiere es doch!" sagte das Kamel. „Du bist doch viel stärker und geschickter als der Graue!"

Da lief das Pferd los und scharrte in der Wiese, daß dem Mann und dem Esel die Grasstücke nur so um die Ohren flogen.

Da wurde der Mann böse. Er knallte mit der Peitsche und rief:

„Hör sofort mit diesem Blödsinn auf! Sonst kannst du was erleben!"

Das Pferd lief erschrocken zum anderen Ende der Wiese.

Dort saß der Rabe auf dem Zaun.

„Mathematik ist die blödeste Sprache der Welt!" beschwerte sich das Pferd beim Raben. „Einer bekommt Möhren und einer die Peitsche für dieselbe Sache."

„Mathematik ist die klügste Sache der Welt", krächzte der Rabe. „Aber man erlernt sie mit dem Kopf und nicht mit den Beinen."

Ursel Scheffler

Der Zauberer Canini-Canoni

Der Zauberer Canini-Canoni war der beste Zauberer der Welt. So stand es jedenfalls auf dem Zirkusplakat. Und so behauptete es der Zirkusdirektor vor jeder Vorstellung.

Es war wirklich toll, was Canini-Canoni alles konnte:

Kaninchen aus dem Zylinder zaubern? Das war doch für ihn ein alter Hut!
Eine Katze in eine Maus verwandeln? Das war ein Kinderspiel!

Aus einem Besenstiel einen blühenden Kirschbaum zaubern? Das machte Canini-Canoni mit links!

Aber Canini-Canoni war ungeheuer ehrgeizig. Er übte immer mehr und immer bessere Zaubertricks. Und als er einmal in Urlaub war, fand er in einem alten Schloßgemäuer eine ganz geheime alte Truhe mit einem ganz geheimen alten Buch mit ganz geheimen Zaubersprüchen. Daraus lernte er den schwersten Zaubertrick der Welt: Er konnte sich selbst wegzaubern.

Als der Zauberer Canini-Canoni diesen schweren Trick beherrschte, war er ungeheuer stolz darauf.

„Hoffentlich geht alles gut! Dieser Trick ist gefährlich. Das weiß jedes Kind", sagte der Zirkusdirektor.

„Dem großen Canini-Canoni ist noch nie ein Trick mißglückt, guter Mann!" prahlte Canini-Canoni großspurig, und dann schritt er in die Manege, wo ein großer blauer Teppich mit silbernen Sternen für ihn ausgebreitet war.

Aber als es plötzlich ganz still war und ihn alle Leute gespannt anstarrten, wurde er einen Augenblick unsicher. Er sah rasch noch einmal in seinem ganz geheimen Buch mit den ganz geheimen Zaubersprüchen aus der ganz geheimen Truhe nach und – zauberte sich weg.

Tatsächlich! Es klappte! Die Leute rasten vor Begeisterung.

Und der Zauberer Canini-Canoni?

Der ist seit diesem Augenblick spurlos verschwunden.

Ursel Scheffler

Barnabas, der Feuerschlucker

Barnabas, der Feuerschlucker, war wieder da! Braungebrannt und voll mit neuen Ideen war er von einer Spanienreise zurückgekommen.

Er hatte Urlaub gemacht und war auch eine Weile mit einem richtigen Wanderzirkus durch das Land gezogen.

Er erzählte fast den ganzen Nachmittag, und die anderen hockten um ihn herum und hörten gespannt zu.

„Und eine neue Nummer mit feurigen Fackeln habe ich mir auch ausgedacht", sagte er. „Heute abend nach der Vorstellung gebe ich euch eine Kostprobe!"

Es begann kühl zu werden. So freuten sich alle, als Pauline, die Kartenverkäuferin, aus ihrem Wohnwagen kam und sagte:

„Ich hab' euch einen Glühwein gemacht. Da könnt ihr euch vor der Abendvorstellung noch ein wenig aufwärmen."

„Nur Barnabas braucht keinen! Der kann doch Feuer schlucken!" rief der Clown, und alle lachten.

„Ich schlucke doch nicht wirklich Feuer. Da ist doch ein Trick dabei. Das wißt ihr doch alle. Und Glühwein trink' ich für mein Leben gern!" sagte Barnabas.

Pauline schenkte auch ihm den Glühwein ein, der heiß war und nach Zimt und Nelken duftete.

Gierig trank Barnabas einen kleinen Schluck.

„Autsch!" rief er erschrocken. „Jetzt hab' ich mir tatsächlich die Zunge verbrannt."

Der Clown machte einen Purzelbaum vor Vergnügen, lachte und rief: „Ausgerechnet Barnabas mit dem großen Feuerschlund verbrennt sich die Zunge an einem winzigen Schlückchen Glühwein!"

Ursel Scheffler

Das Pony Johnny mit dem Dickschädel

Johnny war ein besonders hübsches braunes Pony mit klugen Augen und einem glänzenden Fell. Es war erst einige Tage beim Zirkus. Seine Kindheit hatte es auf einem Bauernhof zugebracht. Da konnte es auf einer großen Wiese herumlaufen, solange es mochte. Bis der Bauer aus der Wiese einen Acker machen wollte und das Pony verkaufte.

„Prachtvolles Tier! Wir können es gut in unsere Pferdenummer einbauen", sagte der Zirkusdirektor zufrieden.

Aber er hatte nicht mit Johnnys Dickschädel gerechnet. Der Pferdedompteur konnte sich anstrengen, wie er wollte: Johnny tat immer das Gegenteil von dem, was er sagte.

Wenn er „hoch!" rief, legte sich Johnny hin.

Wenn er „Galopp!" befahl, blieb Johnny stehen, und wenn er stehenbleiben sollte, galoppierte Johnny so schnell durch die Manege, daß dem Dompteur das Sägemehl in die Augen staubte.

Der Dompteur wischte sich Schweiß und Sägemehl von der Stirn und seufzte:

„Aus diesem Pony wird nie ein Zirkuspferd. Es hat einen viel zu großen Dickschädel!"

„Was machen wir mit ihm?" fragte der Direktor und zuckte mit den Schultern.

„Da soll sich der Pferdemetzger den Kopf drüber zerbrechen!" rief der Dompteur verärgert.

Glücklicherweise hatte sich der Clown Jojo mit dem Pony Johnny gut angefreundet. Er kraulte es hinter den Ohren und sagte:

„Für den Pferdemetzger bist du viel zu schade! Bleib nur so, wie du bist. Ich denke, ich habe eine Idee."

Und dann sprach er mit dem Dompteur und sagte:

135

„Wenn sich Johnny nicht nach dir richtet, dann mußt du dich eben ausnahmsweise nach Johnny richten. Sag ihm einfach immer das Gegenteil von dem, was er machen soll. Dann wird es schon klappen!"

Der Dompteur wagte den Versuch. Da zeigte sich, daß die List des Clowns genau richtig war. Johnny tat immer das Gegenteil von dem, was der Dompteur sagte: „Johnny, rechts herum!"

Johnny lief links herum.

„Johnny, auf die Vorderbeine!"

Johnny stellte sich auf die Hinterbeine.

Und wenn er sagte: „Johnny, *keinen* Purzelbaum", dann machte Johnny einen wunderbaren Purzelbaum.

Der Clown Jojo und der Dompteur waren unheimlich aufgeregt, als die erste Vorstellung begann. Würde alles gutgehen?

Der einzige, der die Ruhe weghatte, war Johnny. Er kaute an einem Grashalm, als sei eine Galavorstellung vor den wichtigsten Leuten der Stadt eine Selbstverständlichkeit.

Ehe Johnny auftreten durfte, kamen die Araber-Hengste dran. Da klappte alles wie am Schnürchen. Sie folgten jedem Kommando aufs Wort.

Jojo stand mit Johnny hinter dem Vorhang und wartete auf das Ende der Nummer. Gespannt lugte Jojo durch einen Spalt im Vorhang. Johnny wieherte unruhig. Auch er war neugierig. Außerdem wollte er hinein ins Helle! Weshalb so lange warten?

Johnny riß sich los und trabte in die Manege.

„Halt! Johnny, nicht! Hiergeblieben!" rief Jojo entsetzt. Aber Johnny war gewohnt, das Gegenteil von dem zu tun, was man ihm sagte.

„Raus! Johnny! Du bist noch nicht dran!" rief der Dompteur, der die Araber-Hengste vorführte.

Aber Johnny dachte nicht daran. Er lief munter in der Manege umher und machte immer das Gegenteil von dem, was die anderen machten. Wenn sie sich auf die Hinterbeine stellten, stellte er sich auf die Vorderbeine, wenn sie elegant über ein Hindernis sprangen, lief er ebenso elegant drumherum, und als sie sich zur großen Pyramide aufstellten, machte er einen Purzelbaum im Sand.

Die Leute achteten nur noch auf das Pony, das alles falsch machte. Sie lachten und klatschten vor Vergnügen.

Der Dompteur dachte: Da bin ich mit Jojos Trick ganz schön hereingefallen!

Aber der große Applaus, den er für seine Pferdenummer bekam, setzte die ganze Sache in ein anderes Licht.

„Das mit dem Pony war eine herrliche Überraschung, mein Lieber! Sicher haben Sie lange dafür trainieren müssen", sagte der Zirkusdirektor und klopfte ihm auf die Schulter.

Da war der Dompteur ziemlich verlegen. Und als er in den Stall kam, stand da der Clown Jojo. Er kraulte das Pony Johnny hinter dem Ohr und sagte:

„Du hast ja mehr Talent zum Clown als ich. Wer hätte das gedacht!"

Irina Korschunow

Das Auto ist weg

Ich heiße Anna. Wir wohnen in einem Vorort von Hamburg. Wenn meine Mutter und ich in der Stadt einkaufen wollen, steigen wir in den Bus. Dann brauchen wir keinen Parkplatz zu suchen.

Aber mein Vater nimmt lieber unseren Fiat. Manchmal findet er einen Parkplatz. Manchmal auch nicht. Und deshalb mußten wir vorige Woche in das große Parkhaus fahren.

„Macht nichts", sagte er. „Dafür steht der Wagen auf Nummer Sicher."

Meine Oma hatte mir zu Weihnachten Geld für einen Kassettenrecorder geschenkt. Den wollten wir kaufen. Und mein Vater brauchte einen Anzug und Schuhe. Es dauerte ziemlich lange, bis wir alles gefunden hatten und wieder zum Parkhaus zurückkamen.

„Jetzt aber schnell", sagte mein Vater. „Ich will noch zum Kegeln."

„Wo steht denn der Wagen?" fragte meine Mutter.

„Im vierten Stock natürlich", sagte mein Vater.

Wir fuhren mit dem Lift in den vierten Stock.

„Da ist er ja schon", sagte mein Vater und zeigte auf einen blauen Fiat. Aber meine Mutter rief. „Der hat ja eine andere Nummer!"

Mein Vater sah das Auto an und schüttelte den Kopf. „Komisch!" sagte er. „Ich habe ihn doch hierhergestellt. Na, dann wollen wir mal weitersuchen."

Wir suchten das ganze vierte Stockwerk ab. Unser Auto fanden wir nicht.

„Vielleicht hast du vier und fünf verwechselt", meinte meine Mutter.

„Ich bin doch nicht blöd", sagte mein Vater. Aber wir fuhren trotzdem ein Stockwerk höher.

Dort stand unser Fiat auch nicht.

„Habe ich doch gewußt", sagte mein Vater. „Es ist der vierte Stock."

„Oder der sechste", sagte meine Mutter. „Vielleicht auch der achte. Es gibt ja noch viele Stockwerke."

„Sei doch nicht so giftig", sagte mein Vater.

„Ich bin nicht giftig", sagte meine Mutter. „Ich bin müde."

„Und ich will zum Kegeln, verdammt noch mal!" brüllte mein Vater.

Doch die Brüllerei nützte auch nichts. Wir mußten weitersuchen. Wir fuhren bis zum neunten Stockwerk. Überall standen blaue Fiats. Nur unserer war nicht dabei.

Schließlich sagte ich: „Vielleicht hast du den vierten Stock mit dem dritten verwechselt."

Das stimmte. Unser Auto stand im dritten Stock.

Da freuten wir uns alle. Auch mein Vater. Und weil es fürs Kegeln sowieso zu spät war, sind wir essen gegangen. Jeder hat eine große Pizza bekommen, mit viel Schinken und Käse.

Das hat Spaß gemacht. Von mir aus könnten wir unser Auto öfter verlieren.

Irina Korschunow

Mädchen können das auch

Ich heiße Ute, und ich finde Autos toll. Bei uns in der Straße ist eine Werkstatt. Dort gehe ich nachmittags oft hin und gucke zu, wie die Mechaniker kaputte Wagen reparieren.

Zuerst haben die Mechaniker über mich gelacht.

„Na, kleines Mädchen", haben sie gesagt. „Willst du nicht lieber mit Puppen spielen?"

139

Aber jetzt kennen sie mich und lachen nicht mehr. Im Gegenteil, sie erklären mir alles: wie der Motor arbeitet und was Kolbenfraß ist und warum die Bremse bremst. Ich weiß schon ziemlich genau, wie ein Auto funktioniert. Ich weiß auch, wie man einen Reifen wechselt und den Ölstand prüft. In der Werkstatt helfen, das macht mir Spaß. Am liebsten möchte ich später Automechaniker werden.

Meine Mutter schüttelt den Kopf, wenn sie das hört.

„Ein Mädchen und Automechaniker! So eine Schnapsidee!"

Dabei weiß sie ganz genau, daß ich etwas von Autos verstehe. Einmal hatten wir nämlich unterwegs einen Platten. Wir waren beide allein, meine Mutter und ich, und sie war ganz verzweifelt.

„Was sollen wir bloß tun?" hat sie gejammert. „Hoffentlich kommt ein Mann vorbei und hilft uns."

Da bin ich ausgestiegen und habe das Warndreieck aufgestellt. Und dann habe ich ihr gezeigt, wie das Rad gewechselt wird. Allein konnte ich es nicht, weil ich noch nicht stark genug bin. Aber zu zweit haben wir es geschafft. Wir mußten nur noch bei der nächsten Tankstelle die Schrauben nachziehen lassen.

„Ist ja toll, was du kannst!" hat meine Mutter gestaunt. Sie hat mir ein großes Eis gekauft, und ich mußte ihr gleich noch den Motor erklären.

Aber Automechaniker soll ich trotzdem nicht werden.

„Das ist nichts für Frauen", behauptet sie, und mein Vater und meine Oma sagen das auch. Komisch: So viele Männer arbeiten als Koch.

Darüber wundert sich niemand. Aber wenn ein Mädchen Motoren reparieren will, dann sagen alle: Die spinnt.

Ehrlich, das verstehe ich nicht. Ich mag Autos. Und ich werde Automechaniker. Ganz bestimmt!

Irina Korschunow

Die Parklücke

Ich heiße Judith. Mein Bruder Benni und ich gehen in eine Ganztagsschule. Meine Mutter ist Sekretärin. Nach Büroschluß holt sie uns mit ihrem Polo ab, und wir fahren zusammen nach Hause.

Mittwochs kaufen wir immer in dem großen Supermarkt ein. Um diese Zeit ist dort Hochbetrieb. Meistens müssen wir ewig warten, bis wir eine Parklücke finden.

Doch am vorigen Mittwoch hatten wir Glück.

Gerade, als wir ankamen, stieg eine Frau in ihr Auto und schnallte sich an.

„Ist ja toll!" sagte meine Mutter und wartete. Da kam von der anderen Seite ein Mercedes, mit einem Mann am Steuer. Und als der Parkplatz frei wurde, fuhr er darauf los.

Meine Mutter hatte auch schon Gas gegeben. Nebeneinander standen sie vor der Parklücke, und keiner konnte hinein.

Der Mercedesmann hupte wie wild.

„So eine Frechheit!" sagte meine Mutter.

„Bleib stehen!" riefen Benni und ich.

Aber meine Mutter mag sich nicht zanken. Sie legte den Rückwärtsgang ein und wollte wegfahren.

Da streckte der Mercedesmann den Kopf aus der Tür.

„Verschwinden Sie endlich!" rief er.

Meine Mutter kurbelte das Fenster nach unten.

„Wie bitte?" fragte sie.

„Ich will da rein!" rief er wütend.

„Wirklich?" fragte meine Mutter. „Ich auch."

Benni puffte mich in die Seite. „Jetzt zeigt sie's ihm!" flüsterte er.

Ich mußte lachen, und der Mann wurde immer wütender.

„Sie dumme Kuh!" brüllte er. „Was bilden Sie sich ein!"

Meine Mutter guckte in die Luft. Sie tat, als ob er nicht da wäre, und blieb stehen. Der Mercedes blieb auch stehen.

Kein Auto konnte mehr vorbei, und ein lautes Hupkonzert ging los. Ich fing schon an, mich zu fürchten. Meine Mutter auch. Wahrscheinlich wäre sie doch noch weggefahren. Aber einer von den Autofahrern kam uns zu Hilfe.

„Hauen Sie endlich ab, Mensch", rief er. „Die Frau war vor Ihnen da. Ich habe es gesehen."

„Das geht Sie überhaupt nichts an!" brüllte der Mercedesmann.

„Doch", rief der andere. „Weil ich nämlich weiter will. Hier werden alle langsam sauer. Passen Sie auf, gleich kratzen wir Ihnen ein bißchen Lack ab."

Aus den wartenden Autos stiegen wirklich ein paar Leute aus und rückten näher. Da gab der Mercedesmann Gas und verschwand, und meine Mutter konnte einparken.

„Gräßlich", sagte sie. „Ich hätte lieber wegfahren sollen."

Aber Benni und ich fanden es gut, daß sie sich gewehrt hatte. Und hoffentlich ärgert der Mann im Mercedes sich schwarz.

Spiel und Spaß

Hans Baumann
Neues von der Affen-Olympiade

Die Affen aller Affenländer hielten ihre Olympiaden alle fünf Jahre ab. Teilnehmen durften alle Affenarten. Es gab fünf Wettkämpfe: Wettklettern, Wettspringen von Baum zu Baum, Wettwerfen mit Kokosnüssen, Wettflohen und Wettschlittern auf Bananenschalen. Die Siegerehrung fand stets auf drei Dattelpalmen statt. Auf die mittlere, die höchste, kletterte der Goldmedaillenträger.

Nach der 99. Affen-Olympiade hatte ein Pavian, der Sieger im Bananenschalenwettschlittern, einen tollen Einfall.

„Warum nicht mal auf Eis schlittern?" fragte er den Präsidenten des Olympischen Affenkomitees, einen uralten Orang-Utan. „Da holen wir ganz andere Zeiten heraus!"

„Aber wo gibt's in Affrika erstklassiges Schlittereis?" wandte der Präsident ein. (Selbstverständlich war Afrika für ihn wie für alle Affen Affrika!)

„In keinem Affenland gibt's Schlittereis", behauptete ein Schimpanse.

„Dann eben irgendwo in Nordpolnähe!" schlug ein schlauer Kapuzineraffe vor. „Dann haben wir endlich auch unsre Winterspiele – und noch dazu mitten im Sommer!" Und dieser Vorschlag wurde einstimmig angenommen.

Fünf Jahre später fuhren die Teilnehmer am fünften Wettkampf der 100. Affen-Olympiade samt zahlreichen Zuschauern auf einem Eisbrecher nach Norden, bis tief in das Polareis. Phantastische Zeiten wurden da geschlittert. Und diesmal holten die Paviane alle drei Medaillen: Gold, Silber, Bronze.

„Und wo sind die Dattelpalmen für die Siegerehrung?" fragten die drei Sieger. Und alle Paviane, die als Zuschauer mitgekommen waren, schrien aus vollem

145

Hals: „Ohne Siegerehrung keine Olympiade!"

Der Präsident, der alte Orang-Utan, sah sich verlegen um. Doch alle Paviane stiegen auf Eisberge und hielten Ausschau nach drei Dattelpalmen. So lange hockten sie dort oben, bis sie alle festgefroren waren.

„Wird Zeit, daß wir Dampf machen", meinte der Eisbrecherkapitän. „Erst in allen Kesseln, dann unter allen Pavianhintern!"

Und so kam es. Ein Pavian nach dem anderen wurde losgeeist, und alle kehrten heim nach Afrika, nein, nein, nach Affrika natürlich. Aber seitdem sind alle Pavianhintern – wie?

¡tollanX

Hans Baumann

Bubu, der König von Bibilon

Auf der Insel Bibilon lebten 111 Einwohner, den König mitgerechnet. Der König hieß Bubu. Er hatte 11 Aufpasser angestellt, damit die übrigen 99 Bibilonesen genau das taten, was König Bubu angeordnet hatte.

Zum Beispiel mußte jeder um fünf vor sechs aufstehen. Keiner durfte zum Frühstück mehr als zwei Brötchen essen. Guter Laune durfte einer nur dann sein, wenn auch König Bubu guter Laune war. Und so weiter und so weiter.

Natürlich war darüber niemand froh. Aber weil an jeder Ecke ein Aufpasser stand, taten alle nur, was sie tun durften. Sie alle hatten sich daran gewöhnt – alle bis auf einen, den elften Aufpasser.

Er mußte jeden Morgen mit einem

Riesensack losziehen, und jeder hatte in den Sack zu gähnen, bis der ganze Bibilonesenschlaf drin war. Am Abend wurde dann jedem der Schlaf zugeteilt, den er bei Tagesanbruch in den Sack gegähnt hatte. Tagsüber hing der Gähnsack hinter dem Thron, damit sich keiner ein Auge voll Schlaf stibitzen konnte.

Auch die Aufpasser gähnten frühmorgens in den Sack, sogar der König Bubu. Bei ihm mußte eben alles seine Ordnung haben.

Der elfte Aufpasser, der gegen König Bubu war, hatte eines Tages eine Idee, wie er das alles ändern könnte. Als er den vollen Gähnsack in den Thronsaal schleppte, stach er mit einer Nadel in den Sack ein winziges Loch. Während der Sack nun hinter König Bubu an der Wand hing, rieselte der Bibilonesenschlaf heraus, und König Bubu wurde schon um acht Uhr müde. Um neun Uhr fing er an zu gähnen, um zehn Uhr hatte er schon dreiunddreißigmal gegähnt. Um elf Uhr gähnte er so wie ein Nilpferd. Dann fielen ihm die Augen zu. Er schnarchte wie ein Nashorn und merkte nicht einmal, wie nach und nach alle Bibilonesen in den Thronsaal kamen, auch alle Aufpasser. Sie starrten den Schnarchekönig an.

Da sagte der Aufpasser, der keiner sein wollte:

„Ihr Bibilonesen, seht euch das an! Alle sind wach. Nur einer schläft. Ist das in Ordnung?"

„Nicht in Ordnung!" sagten die Bibilonesen, die im Thronsaal waren.

„Man muß den König wecken", sagten alle Aufpasser außer dem elften, und einer schrie auch gleich: „König, wach auf!" Doch König Bubu schlief und schlief und schnarchte weiter. Der elfte Aufpasser nahm nun den Gähnsack von der Wand, machte ihn weit auf und schob den König in den leeren Sack. Dann band er ihn fest zu.

Seitdem darf jeder Bibilonese aufstehen und sich freuen, wenn's ihm paßt. Und keiner braucht mehr in den großen Sack zu gähnen. Geht ja auch gar nicht, weil da König Bubu drin ist.

Hans Baumann

Das Zirkuszaubererkonzert

Im Zirkus Barbarolli trat der Zauberer Vogelsang auf: mit Lackschuhen und Frack und Zauberhut. Erst setzte er den Zauberhut vor sich auf den Boden – wie einen Blumentopf. Und gleich wuchs aus dem Hut ein kleiner Baum mit bunten Blättern. Der Zauberer klatschte. Von allen Seiten kamen Vögel angeflogen, bunter als die Blätter, setzten sich auf den Baum und sangen aus voller Kehle.

„Pssst!" machte der Zauberer Vogelsang. Die Vögel waren still. Der Zauberer sah nach oben. Da schwebte aus der Zirkuskuppel ein schwarzer Drache mit *einem* Flügel, drei Beinen und breitem Maul, in dem 88 Zähne blitzten, 36 schwarze und 52 weiße. Grollend fuhr der Drache auf den Zauberer los. Der aber griff kühn ins Drachenmaul und spielte auf den 88 Zähnen. Dazu sangen

die bunten Vögel auf dem Zauberbaum. Nach dem Konzertstück schloß sich das Drachenmaul von selbst, der eine Drachenflügel klappte zu, drei starke Männer kamen und trugen den Drachen weg, weil er nun nicht mehr fliegen konnte. Der Zauberer winkte. Die Vögel flogen in die Zirkuskuppel und verschwanden dort. Der Baum wuchs in den Zauberhut zurück.

Und nun, ihr klugen Mäuse: Was war der schwarze Drache mit dem einen Flügel, den drei Beinen, mit 88 Zähnen, 36 schwarzen, 52 weißen?

Dreimal darf jeder raten …

Ein Konzertflügel mit 88 Tasten

Manfred Mai

Wer tut was?

Der Flieger fliegt.
Der Sieger siegt.
Der Kehrer kehrt.
Der Lehrer lehrt.
Der Schüler schült.
Der Schüler schült?
Der Schüler schilt.
Der Schüler schielt

zum Nebensitzer,
damit er von ihm erfährt,
was der Lehrer gerade lehrt,
weil es sonst schlechte Noten gibt
und er aus der Klasse fliegt.

Manfred Mai

Der Schwarze Mann

Als ich heute morgen
wie jeden Tag
zur Schule wollte,
war sie einfach
nicht mehr da!

Der Schwarze Mann
hat sie geholt,
das finde ich prima!

Manfred Mai

Bücherwurm

In einem furchtbar hohen Turm
aus vielen dicken Büchern
lebt glücklich und zufrieden
ein kleiner Bücherwurm.

Er frißt nun schon seit Jahr und Tag
fast hundert Seiten täglich
und hat noch lange nicht genug,
weil er nichts lieber mag.

Geschichten, Gedichte, Märchen und Sagen
mag er besonders gern,
und davon gibt's zum Glück genug,
so hat er nichts zu klagen.

Nur Schulbücher meidet er wie die Pest,
die kann er gar nicht leiden,
er hat vor Jahren mal eines probiert,
das reichte ihm für den Rest.

Wer Glück hat, kann den Bücherwurm hören,
vielleicht nagt er eben in diesem Buch
und guckt aus der nächsten Seite heraus,
doch laß dich beim Lesen nicht stören.

Hans Baumann

Ich, der Kasperl, und der Eiszapfenseppl

Also, angefangen hat die Geschichte am dreißigsten Dezember, dem vorletzten Tag im Jahr. Da hat es im Wetterbericht geheißen: Nachtfrost bis unter zehn Grad.

Am nächsten Morgen, dem Silvestertag, ist der Seppl zu mir gekommen, und seine neuen Schlittschuhe haben mich angeblitzt: Wo sind deine Schlittschuhe? Auf geht's!

„Auf geht's", sagt auch der Seppl. Ich hol' meine Schlittschuhe raus, und wir laufen zum Mühlteich.

Natürlich ist der Teich zugefroren – Spiegeleis! Aber auf dem Eis ist niemand.

Am Ufer steht der alte Müller, und als er unsre Schlittschuhe sieht, sagt er zu uns: „Ihr zwei wollt also baden gehn – viel Spaß!"

„Aber das Eis ist doch schon dick genug!" sagt der Seppl.

Der Müller schüttelt den Kopf. „Erst morgen, wenn der Frost anhält."

Leise, damit der Müller es nicht hört, sag' ich zum Seppl: „Laß uns lieber wieder heimgehn, er hat recht!"

„Du traust dich wohl nicht?" fragt der Seppl.

„Nein", sag' ich, „der alte Müller kennt den Teich schon länger als wir."

„Ach, der!" sagt der Seppl und saust schon auf dem Eis dahin und schreit: „Wunderbar geht's!"

Er kommt zurück, dreht kurz vorm Ufer ab, rutscht aus – ein Krach! Und der Seppl steckt im Wasser bis unter die Arme. Aber er kann stehen, weil der Teich flach ist, und schlägt auf das Eis ein.

Ich, der Kasperl, zieh' ihn raus. Schlittschuhe runter, Schuhe an – und im Galopp nach Haus zum Seppl. Beim Laufen seh' ich, wie die Jacke vom Seppl weiß wird, auch die Hose – zum Eiszapfen wird der Seppl, noch eh' wir heimkommen.

Niemand ist in der Wohnung, und als der Seppl die Jacke ausziehen will, geht's nicht, weil die Knöpfe und die Knopflöcher zusammengefroren sind.

Der Seppl schlottert, er knurrt: „Das dumme Eis, nur dieses Eis ist schuld, das dumme Eis!"

„Das kriegen wir schon weich", sag' ich, „leg dich nur auf den Boden!"

Der Seppl legt sich hin, und ich fang' an und klopf' das dumme, harte Eis mit einem Teppichklopfer windelweich.

Als der Seppl wie am Spieß schreit, sag' ich: „Was schreist du denn? Ich dresch' doch nicht dich, nur dieses dumme Eis, damit es weich wird!"

Und der Teppichklopfer saust auf die Jacke und die Hose nieder, daß es nur so klatscht.

Da springt der Seppl auf. „Jetzt reicht's mir aber!" schreit er. „Mir ist ganz heiß!"

„Na, wunderbar", sag' ich, „das Eis ist weich, und dir ist warm, was will man mehr!" Ich kann mich vor Lachen nicht mehr halten, und da kommt auch dem Seppl ein Lacher aus.

Zwei Minuten später hat er sich in sein Bett verkrochen, und nicht einmal einen Schnupfen hat er sich geholt, der Eiszapfenseppl – nur weil ich, der Kasperl, dieses dumme Eis weichgeklopft hab'.

Was noch? Der Frost hat angehalten, und am nächsten Tag sind wir beide, ich und der Seppl, übers Eis geflitzt. Am Himmel hat die Sonne gelacht – besser hätte das neue Jahr gar nicht anfangen können.

Hans Baumann

Ich, der Kasperl, und die Nuß

Also, da lieg' ich eines schönen Mittags im Oktober unter dem alten Nußbaum, der dem Lenznachbarn gehört.

Ich lieg' da und denk' an nichts. Und weil man vom Daliegen und Annichtsdenken viel schneller müde wird als von jeder andern schweren Arbeit, bin ich eingeschlafen, und schon träum' ich. Einen wunderbaren Traum, sag' ich euch! Ich geh' in einem Park spazieren, auf einem Parkweg, auf dem auch noch andere Leute spazierengehen.

Sonderbar, denk' ich, wie leicht sich's heute geht, wie groß ich heute bin! Da fällt mir auf, daß alle Leute stehenbleiben und sich nach mir umdrehen. Vor allem meine Füße sehn sie an, und was bemerk' ich da? Meine Füße reichen nicht mehr bis zum Boden – ich geh' in der Luft dahin, auf unsichtbaren Polstern! Und komm' viel rascher vorwärts als die andern Spaziergänger.

Ein Schritt – schon bin ich über eine Bank gestiegen! Und bei der nächsten Bank, auf der drei Männer sitzen, spazier' ich über die drei Köpfe weg, ohne

sie anzustoßen. Die drei haben geschaut – nach oben! Und was sehn sie? Meine Schuhsohlen! Da trau' ich mir noch mehr zu.

Mitten durch den Park fließt ein mannstiefer Bach, schon fast ein Fluß. Als ich an eine Brücke komme, laß ich sie links liegen und geh' neben ihr über den Bach. Und stellt euch vor: Strohtrocken komm' ich am andern Ufer an! Da fang' ich an, mir einzubilden, ich wär' was Besonderes. Ja, wie der Kaiser von Kanakistan fühl' ich mich.

Und genau in diesem Augenblick knallt mir etwas auf die Nase, so hart, daß ich au! schreie, weil's weh tut. Ich reiße meine Augen auf und seh' meine Füße nicht unter, sondern *vor* mir.

Natürlich, ich geh' ja auch gar nicht, ich lieg' unterm Nußbaum, der dem Lenznachbarn gehört.

Aber – warum tut mir denn die Nase gar so weh? Es muß was auf sie draufgeknallt sein, aber was? Ich seh' mich um, erst rechts, dann links. Und links von mir liegt, was ich suche: eine Nuß. Sie ist vom Baum gefallen, genau auf meine Nase, und dabei ist der grüne Mantel aufgeplatzt.

Ich hebe die Nuß auf und zieh' ihr den grünen Mantel aus. Dann sag' ich zu der blanken Nuß:

„Daß du vom Baum fällst, wenn du reif bist, ist dein gutes Recht. Und mei-netwegen kannst du mir auch gegen meine Nase knallen, wenn ich schon eine so große hab' und unterm Nußbaum liege. Aber eins nehm' ich dir übel: daß du mir mitten in meinen wunderschönen Traum knallst – in *dem* Augenblick, in dem ich mich so fühle wie der Kaiser von Kanakistan. Und drum wirst du auch sofort von mir geknackt und aufgegessen!"

„Aber nein!" sagt da der Lenznachbar, der sich hinterm Nußbaum alles angehört hat. Er nimmt mir die Nuß aus der Hand und sagt lachend: „Kasperl, *die* Nuß darf keiner knacken, um die wär's schad'. Aus der muß ein Nußbaum werden. Du kriegst hundert andere Nüsse für die eine, die ist einmalig."

„Unverschämt ist sie!" sag' ich, der Kasperl. „Ausgerechnet in dem Moment, in dem ich mich so fühle wie der Kaiser von Kanakistan, fällt sie mir auf die Nase."

„Eben deshalb", sagt der Lenznachbar. „Sie wollte dich doch nur erinnern."

„Woran erinnern?"

„Daß du der Kasperl bist", sagt der Lenznachbar. „Was ist der Kaiser von Kanakistan gegen den Kasperl?"

Dabei setzt er ein so pfiffiges Gesicht auf, daß er schon fast wie ich aussieht. Und natürlich hab' ich da mit ihm getauscht: hundert Nüsse gegen eine!

Josef Guggenmos

Was Schönes zum Wegwerfen

Der Postbote brachte ein Päckchen. Es war für Ulrike und kam von Tante Erna.

Ulrike machte sich gleich über das Päckchen her. Sie löste die Schnur und schlug das Packpapier auseinander. Was zum Vorschein kam, war eine Schachtel, die mit einem blauen Band zugebunden war. Unter der Schleife lag ein Briefumschlag. Auf ihm stand: Zuerst lesen!

Ulrike holte den Brief aus dem Umschlag und las, was ihr Tante Erna geschrieben hatte:

Die mit „a",
sie flogen fort.
Die mit „ü",
sie blieben dort.

Sagte ich,
die mit „ü" sind geflogen,
wäre das
ganz gewaltig gelogen.

Josef Guggenmos

Der Rechte

Er ist schon oft in der Schule gewesen, aber gelernt hat er gar nichts. Er kann nicht lesen, er kann nicht schreiben, er kann nicht einmal sagen, wieviel eins und eins ist.

Er ist oft unterwegs, aber nie allein. Immer ist sein Bruder dabei. Der geht immer links, und er geht rechts. Ob sie dahinschlendern, ob sie rennen oder springen, sie tauschen nie ihre Plätze.

Der Bruder hat die gleiche Größe wie er, und wenn man nicht genau hinsieht, kann man die beiden sogar verwechseln. Das ist Florian schon drei- oder viermal passiert, aber dann hat er den Irrtum immer gleich bemerkt.

Florian ist immer mit dabei, wenn die beiden ausgehen. Florian hat einen großen Bruder namens Martin und eine kleine Schwester namens Helga. Martin und Helga gehen nie mit den beiden fort. Martin könnte das überhaupt nicht. Helga könnte es zwar, aber sie mag nicht. Das kann man gut verstehen.

Einmal kamen die beiden, der Rechte und der Linke, eine ganze Woche nicht aus dem Haus. Das kam so:

Am Montag morgen gab es eine große Aufregung. Er, der Rechte, war zwar da, aber sein Bruder war weg. Einfach verschwunden.

„Nanu, wo steckt er denn?" rief Florian. „Er kann doch nicht weit sein!"

Florian suchte, die ganze Familie suchte, aber der Verschwundene kam nicht zum Vorschein. Es war wie verhext! Weil der Linke nicht da war, mußte auch der Rechte daheim bleiben. Florian mußte mit zwei anderen zur Schule gehen. Das paßte ihm zwar nicht, aber was half's?

Erst am Sonntag kam der Verschwundene wieder zum Vorschein. Die Kinder spielten im Wohnzimmer auf dem Fußboden mit einem Kugelspiel. Da rollte die Kugel einmal unter die Kommode, und als Florian die Kugel da unten herausholte, entdeckte er unter der Kommode den Ausreißer.

„Um alles in der Welt", rief er. „Wie kommt der hierher ins Wohnzimmer?"

„Das kann nur Waldi verbrochen haben", meinte Helga.

„Waldi, warst du das?" fragte Florian den Dackel.

Waldi guckte mit unschuldiger Miene zu ihm auf. Bestimmt war er es gewesen, aber das hatte er längst wieder vergessen. Waldi machte oft solche Streiche.

Hauptsache, er war wiedergefunden, der Linke. Jetzt durfte auch der Rechte wieder ausgehen. Florians rechter ...

158

Josef Guggenmos

Riesengroß und wunderschön

Beim Mittagessen baten Marianne und Claudia: „Mutti, dürfen wir in den Burgwald fahren, Pilze suchen?"

Die Mutter war einverstanden.

„Roland, kommst du mit?" fragten die Mädchen ihren Bruder.

Aber Roland hatte keine Lust. „Ich gehe baden", sagte er.

Nach dem Essen gab die Mutter den Mädchen einen Korb, und die beiden radelten los. Es war ein heißer Tag. Die Mädchen radelten, vorbei an Wiesen und Feldern, zu dem großen Wald, in dem die Familie schon öfter Pilze gesucht hatte.

Als Marianne und Claudia um fünf nach Hause kamen, war ihr Bruder schon daheim. Natürlich mußte er gleich in den Korb schauen. Als er die vielen Maronenpilze und die drei riesigen Schirmpilze sah, tat es ihm doch leid, daß er nicht mitgefahren war.

„Ihr seid ja gar nicht naß", sagte er. „Hat's euch denn nicht erwischt, vor einer halben Stunde? Das hat ja toll gegossen!"

„Wir waren schon aus dem Wald heraus, als es losging", erzählte Claudia. „Aber zum Glück war da eine Hütte auf einer Wiese, in die sind wir hinein. Auf der Wiese waren große Kälber. Ich glaube, die wären seelenruhig im Regen geblieben, aber als wir in die Hütte liefen, sind sie uns alle nachgekommen."

„Habt ihr keine Angst gehabt?" fragte Roland.

„Ach was", sagte Marianne. „Es war richtig lustig mit ihnen."

„Und danach, als wir weiterfuhren, haben wir noch etwas Herrliches gesehen!" berichtete Claudia.

„Ja, das war toll!" rief Marianne begeistert. „Aber was das war, verraten wir dir nicht", sagte sie zu Roland. „Zur Strafe, weil du nicht mitgekommen bist!"

„Ihr seid gemein!" rief Roland beleidigt.

„Du kannst ja raten", schlug Marianne vor.

„Das werde ich gleich heraushaben", sagte Roland.

Er dachte nach. „War's etwas Lebendiges?" fragte er.

„Nein", sagte Marianne. „Es war kein Mensch, kein Tier und keine Pflanze."

„War's groß?" fragte Roland. „Größer als ich?"

„Größer! Viel größer!" rief Claudia. „Riesengroß!"

„War es gemauert?" fragte Roland.

„Nein, gemauert war es nicht!"

„War's aus Metall?"

„Erst recht nicht!"

Roland überlegte. „Ist es jetzt noch dort?" fragte er.

„Nein", sagte Claudia. „Jetzt kannst du es nicht mehr sehen. Wärst du mit uns gekommen!"

„Hm", überlegte Roland. „Es war da und ist nicht mehr dort. Irgendwie muß es fortgekommen sein. Hat es Räder gehabt?"

„Nein, Räder hatte es bestimmt nicht."

„Dann muß es fortgeflogen sein. Hat es fliegen können?"

„Fliegen?" fragte Marianne. „Nein, geflogen ist es eigentlich nicht."

„Ihr schwindelt mir was vor!" rief Roland empört. „Es war nichts Lebendiges, es hatte keine Räder, es konnte nicht fliegen – und ist trotzdem fort? Einfach fort? Das gibt es nicht!"

„Ehrenwort!" rief Marianne. „Es war wirklich da. Als wir von der Hütte heimgeradelt sind, haben wir es vor uns gesehen, riesengroß und wunderschön. Wir sind geradelt, was wir konnten, um zu ihm hinzukommen, aber da ist es langsam verschwunden, und dann war es überhaupt nicht mehr da."

„Jetzt weiß ich es", rief Roland. „Ich kann euch sogar sagen, was es für Farben hatte: Rot und Orange, Gelb, Grün, Blau und Violett!"

„Erraten!" riefen die Mädchen.

Josef Guggenmos

DER, DIE und DAS

DER, DIE und DAS gehören zusammen. Wir brauchen sie alle drei. Jedes von den dreien kann etwas, was die beiden andern nicht können.

Vor allem mittags und abends, wenn wir Menschen Pause machen oder mit der Arbeit aufgehört haben, müssen die drei ans Werk.

Nicht immer brauchen wir alle drei zugleich. Aber wenn wir alle drei geholt haben, ist immer DER derjenige, der zuerst an die Arbeit muß.

Seine Aufgabe ist es, einen See auszuschöpfen, einen runden, dampfenden See.

Aber die Flüssigkeit darf er nicht einfach in die Gegend kippen. O nein! Was gäbe das! Alles muß er fein säuberlich emportragen und in eine Öffnung gießen, die sich jedesmal, wenn er hochkommt, für ihn auftut.

Oft und oft muß DER hinauf, um auszuleeren, und wieder hinunter, um neu zu schöpfen. Aber er macht sein Geschäft gut, er ist dafür geschaffen.

DIE und DAS helfen ihm nicht dabei. Sie könnten es auch gar nicht. Wenn du Lust hast, kannst du es ja einmal probieren und DIE oder DAS die Arbeit tun lassen, die DER verrichtet. Aber ich glaube, du gibst es bald wieder auf. DIE oder DAS hätten endlos zu tun, um das zu

vollbringen, was DER in wenigen Minuten schafft.

Nachdem DER sein Werk getan hat, müssen DIE und DAS heran. Diese beiden arbeiten oft zusammen.

Wieder muß etwas in die Öffnung befördert werden, die sich in der Höhe auftut. Das hat immer DIE zu erledigen. Zur Not könnte das ab und zu auch DAS besorgen, aber DAS darf das nicht. Das gehört sich nicht! DAS hat nichts zu tun, als die Dinge, die DIE nach oben trägt, zuvor zu zerkleinern, wenn sie zu groß sind, damit sie gut in die Öffnung passen. Dafür ist DAS zuständig und für sonst nichts.

Haben alle drei ihr Werk verrichtet, dürfen sie ein Bad nehmen. Dann können sie sich ausruhen, bis es wieder heißt: „Guten ...!"

Manfred Mai

Ein Brüllschwein

Ein Brüllschwein trottet durch die Gassen,
und niemand wagt es . . .
denn so ein Tier verbreitet Schrecken,
weshalb die Leute sich . . .
um vor dem ach so wilden Schwein
ganz in Sicherheit zu . . .

Auch das Brüllschwein freut sich sehr,
daß die Gassen alle . . .
denn so wild es manchmal tut,
in Wirklichkeit fehlt ihm der . . .

Manfred Mai

Ja wenn!

Hieße das Pferd nicht Pferd,
sondern Fisch,
hätte es keine Beine,
sondern Flossen.

Mit denen könnte es schlagen,
so schnell,
daß es fliegen würde.

Dann hieße das Pferd
auch nicht mehr Fisch,
sondern Vogel.

Manfred Mai

Beweis

In einem tiefen Teiche
schwimmt nur
'ne Wasserleiche,
damit sich's besser reimt.

Beweis:
In Wirklichkeit schwimmt dort
ein Hecht,
doch das reimt sich
auf Teiche schlecht.

Hans Gärtner

Kinderwitze

Eine ältere Dame wird von einem Radfahrer angefahren und fällt hin. Der Radfahrer hilft der Frau auf und sagt dabei: „Da haben Sie aber Glück gehabt, daß ich heute meinen freien Tag habe."
„Warum denn das?"
„Weil ich normalerweise einen Omnibus fahre."

Karli schreit Gerd an: „Du bist ein Kamel!"
Gerd schreit Karli an: „Und du bist ein noch größeres!"
Vater geht das Geschrei auf die Nerven.
„Ihr habt anscheinend vergessen, daß ich auch noch im Zimmer bin."

Der Küster entdeckt ein Paar Schlittschuhe in der Sakristei.
„Wem gehören denn die?" fragt er den jüngsten Meßdiener.
„Wahrscheinlich den Eisheiligen."

Anruf beim Fleischer:
„Haben Sie Eisbein?"
„Ja."
„Haben Sie eine Pökelzunge?"
„Gewiß."
„Haben Sie Schweinsohren?"
„Aber sicher."
„Meine Güte! Müssen Sie aber komisch aussehen!"

In der U-Bahn:
Eine alte Dame zeigt dem Kontrolleur die Fahrkarte.
„Das ist ja eine Kinderfahrkarte, meine Dame!" stellt der Kontrolleur fest.
Sagt die Dame: „Da können Sie mal sehen, wie lange ich auf diese U-Bahn gewartet habe!"

Zwei Fallschirmspringer versuchen, ihren Fallschirm zu öffnen. Wild zerrt der eine an der Schnur und schreit: „Verdammt noch mal! Mein Fallschirm geht nicht auf!"
„Meiner auch nicht", ruft der andere, „aber denk dir nichts dabei – ist ja nur ein Übungsspringen!"

Gina Ruck-Pauquèt

Flitz, der Goldhamster

„Die Goldhamster stammen aus Syrien", sagte Hanna zu Jörg. In den Ferien kam Jörg manchmal schon früh.

„Sie sammeln Vorräte in ihren Bakkentaschen."

„Wann wart ihr denn in Syrien?" wollte Jörg wissen.

„Ach Quatsch!" sagte Hanna. „Ich hab' ihn am Mittwoch von meiner Oma gekriegt. Schau ihn dir an."

Aber der Goldhamster war nicht in seinem Käfig. Das Türchen stand offen, und Flitz war fort. Hanna kämpfte mit den Tränen.

„Ihr werdet ihn schon wiederfinden", meinte die Mutter. „Er kann ja nur in der Wohnung sein."

Sie nahm den Einkaufskorb und rannte los. Um neun fing ihre Arbeitszeit im Büro an.

Anfangs fand Flitz es ganz lustig im Korb. Er war aus Neugierde hineingeklettert, und jetzt hockte er unter einem Taschentuch und einer Plastiktüte. Das Schaukeln war zwar etwas ungewohnt, aber er war nicht besonders ängstlich.

Als Hannas Mutter aber im Supermarkt sechs Brötchen und ein Pfund Butter auf ihn warf, wurde es ihm ungemütlich. Er schaute über den Korbrand, dann sprang er blitzschnell hinaus.

An der Kasse trampelten viele Menschenfüße um ihn herum. Da nahm Flitz Zuflucht in der nächstbesten Tasche.

Diese Tasche gehörte der Frau Hammerstein.

Hanna und Jörg suchten im Schrank und unter den Betten. Wie sollten sie auch ahnen, daß Flitz inzwischen in einem Taxi saß? Die Frau Hammerstein fuhr zum Friseur.

„Halten Sie an", sagte sie zu dem Fahrer. „Hier ist es."

Der Fahrer bremste, die Tasche fiel um, und Flitz kullerte heraus. Flink drückte er sich in eine Ecke des Polsters.

Hanna und Jörg suchten in der Waschmaschine, im Brotkasten und im Abfalleimer.

Flitz aber saß versteckt im Blumenkorb des Herrn Griebelmann, der im Taxi zu seiner Tante unterwegs war.

„So hübsche Blumen hast du mir gebracht!" rief die Tante des Herrn Griebelmann.

Da klingelte es, und der Postbote kam mit einem Päckchen. Er stellte seine große schwarze Tasche ab. Flitz war eben aus dem Korb geklettert, als er merkte, daß es nach Katze roch. Da bekam er einen gewaltigen Schreck und huschte in die Postbotentasche hinein.

„Wir finden ihn nicht mehr", sagte Hanna zu Jörg. „Er ist fort."

„Vielleicht wollte er zurück nach Syrien", meinte Jörg.

„Du bist doof!" schrie Hanna.

Der Postbote, der Flitz mit sich trug,

war unterdessen auf der Straße dem Kollegen vom sechsten Revier begegnet. Sie stellten ihre schwarzen Taschen nebeneinander und plauderten ein wenig. Über das Wetter, die Leute und die Hunde der Leute, die mit den Postboten auf Kriegsfuß stehen. Es war genau halb neun, als Hannas Mutter wieder nach Hause kam. Sie hatte noch die Schuhe vom Schuster geholt.

„Mach mal auf!" rief sie. „Es hat geklingelt." Hanna lief zur Tür.

„Ich hab' einen Einschreibebrief", sagte der Postbote und stellte die Tasche ab.

Flitz schnupperte. Hier kam es ihm bekannt vor. Er sauste aus der Tasche über den Teppich und in seinen Käfig hinein, der in der sonnigen Zimmerecke stand.

„Ach du großer Bimbam!" rief der Postbote. „Jetzt hab' ich die falsche Tasche erwischt!"

Aber weil Hanna genau in diesem Augenblick einen Schrei ausstieß, achtete niemand auf ihn.

„Flitz ist wieder da!" schrie Hanna.

„Siehst du", sagte die Mutter. „Ich hab' dir ja gleich gesagt, daß er in der Wohnung ist."

Gina Ruck-Pauquèt

Das fremde Tier

Sie machten Urlaub in Südfrankreich, der Vater und Cindy. Sie fuhren mit dem Auto umher, besichtigten leere Stierkampfarenen, schwammen im Meer und beobachteten die Pferde.

„Warum versuchst du nicht mal zu reiten?" fragte der Vater.

Cindy fürchtete sich vor Pferden. Sie fürchtete sich vor vielem. Manchmal mußte sie daran denken, daß ihr Vater sich eigentlich einen Jungen gewünscht hatte. Das hatte die Mutter ihr einmal erzählt.

Und dann hatte er eine Tochter bekommen – Cindy, dünn, blaß und ängstlich. Seit die Eltern geschieden waren, lebte Cindy bei ihrer Mutter.

„Das hier ist ein Vogelschutzgebiet", sagte der Vater.

Er hatte sein Fernglas mitgenommen. Wenn die Möwenschwärme kreischend zwischen den Sümpfen aufflogen, schrak Cindy zusammen. Schön war die Abendsonne, die sich im Wasser spiegelte.

Plötzlich sah Cindy das Tier. Das Tier schwamm in der Mitte des großen, modrigen Tümpels und hielt auf das linke Ufer zu.

Eigentlich sah Cindy nur den Kopf des Tieres. Es war ein dunkler, runder Kopf, der der Kopf einer Katze hätte sein können.

Aber Cindy wußte, daß Katzen nicht gerne schwimmen. Außerdem war die Art, wie das Tier sich im Wasser bewegte, merkwürdig. Sie erinnerte Cindy an eine Fernsehsendung, in der sie gesehen hatte, wie eine Schlange schwamm.

Sie wollte wissen, was das für ein Tier war.

Ohne zu zögern, rannte sie los. Der enge, verwachsene Weg führte zwischen dem Tümpel und einem schmalen Kanal auf der anderen Seite hindurch.

Schon nach ein paar Schritten spürte Cindy die Stille. Vielleicht ließ das Piepsen eines einzelnen, fernen Vogels sie noch tiefer erscheinen.

Cindy ging langsamer. Sie wollte das Tier nicht erschrecken. Das verdorrte Gras stand hoch. Es war warm und staubig von Blütenpollen. Das Tier witterte sie nicht. Vielleicht stand der Wind gegen Cindy.

Als sie bis auf ein paar Meter herangekommen war, stieg es aus dem Wasser und wechselte über den Weg. Es war katzengroß und pelzig.

Plötzlich hatte Cindy wieder Angst. Sie blickte zurück. Ihr Vater war nicht zu sehen. Sie mußte in der kurzen Zeit weit gelaufen sein.

Links und rechts von ihr Wasser, der verwucherte Weg, der Himmel und das Tier – das war alles.

Jetzt sah es sie an, blickte aus großen,

170

runden Augen direkt zu ihr hoch. Was sollte sie tun, wenn es sie angriff? Der Vogel hatte aufgehört zu zwitschern.

„Es tut mir leid", sagte Cindy leise. „Ich hätte nicht herkommen sollen. Das hier gehört dir. Ich geh' wieder", sagte sie. Aber sie wagte nicht, sich umzudrehen.

„Tu mir nichts", sagte sie, „bitte."

Das Tier hatte niedrige Beine und einen Schnurrbart. Jetzt bewegte es sich.

Es ließ sich blitzschnell in den Kanal hinunterplumpsen, machte zwei, drei Schwimmbewegungen und hielt an einer Stelle unter der überhängenden Böschung inne.

Cindy dachte sich, daß es dort eine Höhle besaß. Jetzt konnte es jeden Augenblick verschwinden.

Als Cindy begriff, daß das Tier auch Angst hatte, ließ sie sich langsam auf die Knie hinunter. So war sie kleiner.

Über das schmale Wasser hinweg schauten sie sich lange an. Ihre Augen waren jetzt in gleicher Höhe.

Der Blick des Tieres wirkte eher neugierig als furchtsam. Es war auch, als ob das Tier zu ihr spräche, auf eine stille Art.

„Hier hast du's schön", sagte Cindy. „Ich verrate keinem, wo du wohnst", sagte sie.

Einen Augenblick lang wünschte sie sich, mit dem Tier hier bleiben zu können, für immer. Sie dachte sich, daß sie Freunde werden könnten mit der Zeit. Aber dann rief ihr Vater.

Später, als sie ihm von dem Tier erzählte, sagte er, daß es ein Fischotter sein müsse. Für Cindy blieb es „das Tier". Sie dachte oft an diese Begegnung zurück, und sie stellte sich vor, daß das Tier einsam war in seiner Höhle unter dem struppigen Gras. Einsam und doch sehr glücklich.

Gina Ruck-Pauquèt

Die Schildkröte

„Sie kostet nur drei Mark", bettelte Christof, „und sie ist so süß!"

So ging das nun seit Tagen. Dann erlaubte es die Mutter, und er sauste los.

„Schau sie dir an", sagte er. „Sie ist eine griechische Landschildkröte. Ich nenne sie Susi."

Zuerst war Susi scheu. Dann streckte sie vorsichtig den Kopf unter dem hübsch gemusterten Panzer hervor. Blickte mit glänzenden schwarzen Augen um sich. Was nahm sie wahr?

„Sicher kennt sie mich schon bald", sagte Christof. „Sie braucht nur Salat", sagte er.

Aber die Mutter gab der Schildkröte außerdem Früchte und Fleisch.

„Glaubst du, daß sie schnell wächst?" fragte Christof.

„Nein", sagte die Mutter. „Schildkröten machen alles langsam."

Wenn Christof nicht da war, wohnte Susi in einer Plastikwanne, die er mit Erde und Blättern ausgelegt hatte.

„Sie kann nicht immer frei herumlaufen", hatte der Vater gesagt. „Sie ist nicht stubenrein."

Susi war nicht gern in der Wanne. Sie versuchte hinauszuklettern und scharrte mit den kralligen Füßchen unermüdlich an den Wänden ihres Gefängnisses.

Christof hörte es schon im Flur. Er stellte seine Schultasche weg und hob die Schildkröte heraus. Wenn sie frei war, lief sie unter der Heizung entlang. Hier und da fraß sie etwas, sie machte hin und schlief.

Während der ersten Tage hockte sich

172

Christof auf den Boden und sprach zu Susi. Dann wurde es ihm langweilig.

„Die tut ja nichts", sagte er.

„Du hast sie doch haben wollen", sagte die Mutter. „Mach wenigstens die Wanne sauber."

„In dem Laden haben sie jetzt Zwerghasen", sagte Christof. „Weiße und schwarze. Die sind viel lustiger. Mit denen kann man richtig spielen."

Die Mutter schüttelte den Kopf.

Stunde um Stunde kratzte die kleine Schildkröte am Wannenrand.

„Das ist nicht auszuhalten!" sagte der Vater. „Ich hab' einmal Schildkröten in Griechenland gesehen", erzählte er, „da lebten sie frei im Sand zwischen den Feigenkakteen."

„Die kleinen Hasen kosten bloß zehn Mark", sagte Christof.

Aber der Vater schüttelte auch den Kopf.

Sonntags fuhren sie zur Oma aufs Land.

„Nimm die Susi mit", schlug der Vater vor, „damit sie wenigstens mal Gras kennenlernt."

Christof ließ sie im Obstgarten laufen.

„Gib auf sie acht", sagte die Mutter.

Die Schildkröte sah auf der Wiese sehr klein aus. Und auf einmal paßte Christof dann doch nicht auf. Weil er den Hund mit den langen Ohren traf.

„Susi ist weg", sagte er später. „Ich kann sie nicht mehr finden."

Er zog die Nase hoch und wischte sich mit dem Handrücken über die Augen. Die Eltern halfen bei der Suche, bis es dämmerig wurde.

Aber Susi blieb verschwunden.

„Im Winter muß sie erfrieren", sagte die Mutter. Jetzt war Frühling.

„Man sollte die Tiere in den Ländern lassen, in die sie gehören!"

Gina Ruck-Pauquèt

Der Gockel

Der Jan fand es prima auf dem Bauernhof. Die Wiese mit den Obstbäumen, die große Scheune, in der die Sonnenstrahlen durch die Fugen der Bretter drangen, und der nahe Wald.

Am meisten aber gefielen ihm die Tiere. Die Kühe mit ihrem guten Geruch, die ihn aus langbewimperten Augen neugierig anschauten, und das Pferd, auf dessen Rücken er manchmal sitzen durfte. Mit dem Hund ging er oft spazieren, und die Katzen kannten ihn auch schon. Sie kamen sofort, wenn er nach ihnen rief.

„Paß nur auf mit dem Gockel", hatte die Bäuerin gesagt.

174

Und an demselben Tag passierte es auch schon.

Der Gockel war schön. Bunt und stolz schritt er inmitten seiner Hühnerfrauen einher. Aber er war dafür bekannt, daß er leicht zornig wurde. Dabei hatte ihm nie jemand etwas Böses getan. Auch der Jan nicht.

Er rannte nur so um die Ecke, und plötzlich standen sie voreinander, der Jan und der Gockel. Vielleicht hatte der Hahn sich erschreckt. Er spreizte sich zum Kampf und kam auf den Jungen zu.

Der Jan drehte sich auf dem Absatz um und rannte los.

Der Gockel hinterher. Zum Glück war da der Schuppen, wo der große Leiterwagen stand. Da hinauf rettete sich der Jan.

Wenn er bloß nicht rauf kommt, dachte er, während er oben stand und noch ganz atemlos war.

Denn ein bißchen fliegen können die Hähne ja auch. Aber der Gockel blieb unten. Zornig stand er dort, den Kopf zur Seite gewandt, so daß er den Jungen mit einem Auge ansehen konnte. Scharf und böse, wie es dem Jan erschien.

Zuerst blieb er ganz still und vermied es, eine Bewegung zu machen. Der Hahn starrte ihn jetzt mit dem anderen Auge an.

Wenn doch nur einer käme! dachte der Jan. Ich kann doch hier nicht über Nacht bleiben! Warum vermißt mich denn niemand?

Schließlich mußte er sich bewegen,

175

weil ihm die Beine so weh taten, daß er es nicht mehr aushalten konnte. Der Hahn zuckte zusammen und nahm seine Kampfhaltung wieder an.

„Die anderen Tiere sind nicht so gemein", sagte der Jan da zu dem Gockel.

Guckte der jetzt anders, guckte der erstaunt?

„Echt!" sagte der Jan. „Die anderen sind alle nett zu mir."

Der Hahn scharrte mit dem rechten Fuß im Sand. Es sah aus, als ob er verlegen wäre. Jan mußte lachen. Auf dem Wagen lagen noch ein paar Ähren herum.

„Vielleicht sind noch Körner drin", sagte Jan, als er sie neben den Gockel warf. „Da!"

Der Gockel fing an zu picken. Als er nichts mehr fand, blickte er zu dem Jungen empor.

„Ich hab' nichts mehr", sagte der. „Ich komme jetzt runter!" fügte er entschlossen hinzu.

In diesem Augenblick fühlte er sich so verwegen wie nie zuvor. Er würde vom Wagen steigen. Und wer weiß, vielleicht würden der Gockel und er noch Freunde werden. Fingen sie nicht an, einander zu verstehen?

Und ausgerechnet da kam die Bäuerin.

„War er hinter dir her?" fragte sie. „Der Gockel?"

Sie klatschte in die Hände, daß der Bunte davonschoß.

„I wo", sagte der Jan, und er ärgerte sich.

Gina Ruck-Pauquèt

Kleiner Bruder Hund

Sie fuhren auf der Autobahn. Der Vater steuerte den Wagen, und Joano saß hinter ihm auf dem Rücksitz, klein und müde.

Sie waren schon lange unterwegs. Joano hatte sich gefreut, daß der Vater ihn auf eine Geschäftsreise mitnahm. Sie hatten viele Kunden besucht, in einem großen Hotel gewohnt und Spaß miteinander gehabt. Jetzt waren sie auf der Heimreise.

Es war Samstag, und der Wochenendverkehr hatte begonnen.

„Hinter uns ist ein Mercedes", meldete Joano, „ein BMW und ein Range Rover."

„Verdammt!" sagte der Vater plötzlich.

Joano beugte sich nach vorn. Vor ihnen lief ein Hund über die Autobahn. Sie waren noch weit von ihm entfernt, aber sie konnten sehen, daß es ein

176

schwarzer Hund mit braunen Flecken war. Er überquerte die Fahrbahn, und ein paar Wagen wichen ihm eben noch aus.

„Papa!" schrie Joano.

Der Vater nahm Gas weg.

„Sie werden ihn überfahren!" schrie Joano. „Halt an!"

„Du weißt genau, daß man auf der Autobahn nicht anhalten darf", sagte der Vater.

Jetzt überholte der Mercedes. Der Hund, der auf den Mittelstreifen gelaufen war, kreuzte aufs neue die Straße. Der Mercedesfahrer riß den Wagen zur Seite. Für einen Moment schleuderte das Auto. Dann raste es weiter.

Der Hund blieb nicht an der Seite. Er lief im Zickzack über die Autobahn. Als er einmal zurückblickte, sah Joano sein Gesicht. Die Zunge hing ihm weit aus der geöffneten Schnauze, und seine Augen blickten wirr und angstvoll.

Jetzt jagte der BMW vorbei, hupte, bremste und streifte den Hund fast. Der duckte sich, drehte um, kam ihnen entgegen, rannte auf den Mittelstreifen und wieder zurück.

Joanos Vater fuhr sehr langsam. Der Fahrer des Range Rovers hatte den Hund wohl auch gesehen. Er blieb hinter ihnen. Der Hund lief jetzt vor dem Auto her. Er war ein kurzhaariger Mischling. Er sah aus, als mache er es nicht mehr lange, als sei er total erschöpft. Joano hielt sich die Augen zu.

„Papa", stieß er hervor, „weißt du noch, wie du gesagt hast, daß sie unsere Brüder sind, die Tiere? Du hast gesagt, daß der liebe Gott sie alle gemacht hat, die Menschen und die Tiere auch."

„Verflixter Köter!" sagte der Vater.

Der Hund lief jetzt rechts neben ihnen.

„Ich darf nicht anhalten. Verstehst du das nicht?"

„Wer soll ihm dann helfen?" fragte Joano. „Wenn nicht wir?"

Als der Vater am Fahrbahnrand stoppte, fuhr der Range Rover vorbei. Zwei Mädchen saßen drin. Sie gestikulierten wie wild mit den Händen.

„Recht haben sie", sagte Joanos Vater. „Es ist ein bodenloser Leichtsinn! Du bleibst drin!" sagte er noch.

Dann ging er über die Fahrbahn und versuchte, den Hund zu fangen. Hupend rasten die Autos vorbei. Der Hund war verrückt vor Angst. Er rannte hin und her und sprang endlich auf der Flucht vor Joanos Vater vom Randstreifen über einen Graben auf die Wiese hinaus.

„Wenn er nur nicht zurückkommt", sagte Joano.

„Schau doch, wohin er läuft", der Vater ließ den Motor wieder an. „Er ist schon am Kornfeld. Dahinter liegt das Dorf."

„Da wohnt er!" sagte Joano.

Und er versuchte, ganz fest daran zu glauben. Eine Weile warteten sie noch, dann fuhren sie weiter.

Monika Sperr

Sonja weint

Der kleine Boxer ist ein Mädchen. Sie ist erst acht Wochen und ein paar Tage alt und sieht noch aus wie durchsichtig. Überall schimmern blaue Adern durch das dünne Fell, und der Bauch ist so merkwürdig rosa.

„Wie nackt sie ist", staunt Peter.

Sonst aber schaut die kleine Hündin schon wie ein richtiger Boxer aus. Doch als der Vater das zierliche Hundekind behutsam auf den Teppich setzt, zittert es fürchterlich.

„Sie friert ja!" ruft Peter erschrocken aus und will sofort losrennen und eine Decke holen.

„Laß nur", sagt der Vater. „Sie friert nicht wirklich. Ihr fehlt die Nestwärme. Du weißt doch, daß sie bis jetzt mit ihrer Mutter und den Geschwistern zusammen war. Die fehlen ihr natürlich."

„Klar", nickt Peter. „Sie kennt uns ja noch gar nicht."

Dann spielt er mit der kleinen Sonja, bis er ins Bett muß und Sonja ins Körbchen.

Peter kann in dieser Nacht kaum schlafen. Immer hört er, wie jämmerlich das kleine Hundemädchen weint. Es liegt draußen in der Küche in seinem Körbchen, doch sein herzzerreißendes Gewinsel dringt durch alle Türen und Wände.

Schließlich hält Peter dieses Weinen nicht mehr aus. Leise schleicht er sich in die Küche. Aber so leise der Junge auch durch die dunkle Wohnung schleicht, die kleine Hündin hört ihn doch.

Als Peter vorsichtig die Küchentür öffnet, hüpft sie freudig kläffend an ihm hoch.

„Psssst!" zischt Peter besorgt. „Sonst kommt Vati und schickt mich zurück ins Bett und dich wieder ins Körbchen."

Da winselt die kleine Hündin nur noch ganz leise, als hätte sie jedes Wort des Jungen genau verstanden.

„Kluges Mädchen", flüstert Peter zärtlich. Dann streichelt und küßt er das Hundemädchen, bis plötzlich der Vater neben ihm steht.

„Sonja weint", sagt Peter mit trauriger Stimme. „Sie fürchtet sich. Sie ist doch noch sooo klein."

Der Vater sieht im Dunkeln noch größer aus als sonst. Er steht da wie ein Riese und schweigt.

Schließlich sagt er:

„Ab ins Bett – alle zwei!"

Seitdem schläft Sonja immer in Peters Zimmer und manchmal auch in seinem Bett. Oft jault sie leise im Schlaf, weil sie träumt, doch geweint hat sie nie wieder.

Monika Sperr

Wie die Wilden

Theo flitzt wie ein gejagter Hase los: von Baum zu Baum im Zickzackkurs.

„Theo!" schreit Thomas hinter ihm her. „Theooo!!! Komm sofort zurück, benimm dich doch nicht wie ein Wilder!"

Thomas kann nicht leiden, wenn Theo tobt, weil er dann nicht mehr gehorcht.

Thomas will aber, daß der Hund ihm gehorcht. Deshalb trampelt er wütend mit den Füßen auf der Erde rum, wobei er böse kreischt: „Theo, komm, Theo, komm, Theo, komm!"

„Laß ihn", bittet Ingrid für den Hund, der aussieht wie ein zweifarbiger Zottelbär. Kopf und Brust sind bei ihm weiß wie frischer Schnee, alles andere ist mausegrau. Er hat ein langes, weiches Fell, das ihm beim Rennen um die Beine flattert, wie ein Seidenschal im Wind.

„Laß ihn", sagt Ingrid ein zweites Mal. Dann lacht sie wie ein fröhliches Huhn, fängt an zu hüpfen, zu tanzen, zu rennen, dreht sich um und ruft Thomas zu: „Laß ihn doch, den Theo. Er freut sich ja bloß."

Theo freut sich tatsächlich.

Der ganze große Park ist sein Revier! Wie aufregend es hier überall riecht.

Wau, wau, wau – das reinste Hundeparadies ist so ein Park mit all diesen spannenden Tier- und Menschenspuren. Wau, wau, wauuu!

„Wie die Wilden", stöhnt Thomas.

Und dann noch einmal: „Wie die Wilden..."

Und dann rennt er auch.

Wie...

Nein, o nein, nicht wie ein Wilder. Wie ein fröhlicher Junge, der sich freut.

Thomas schwingt die Hundeleine wie ein Lasso, brüllt dabei aus Leibeskräften hinter seiner Schwester und Theo her.

„Und ich bin der Cowboy, der euch einfangen muß, yippi, yippi, yeeeh!"

Auf dieses wilde Geschrei hin hebt Theo kurz den Kopf und bellt dem Cowboy Thomas eine so freche Antwort entgegen, daß der nur noch knurren kann: „Na, warte, du Angeber – ich kriege euch schon."

Mitten durch den Stadtpark jagen sie dahin, mit „wau-wau-wauuu" und „yippi-yippi-yeeh..."

„Wie die Wilden", schimpfen die Leute. Aber das stimmt nicht, sie freuen sich ja bloß.

Gina Ruck-Pauquèt

Wintergeschichte

Es war Winter. Der Mann und die Frau saßen in der warmen Stube und schauten hinaus. In der Birke hockte ein Rabe und schrie. Zwischen den Sträuchern strich eine fremde Katze herum. Die Katze war mager. Ihr grau-weißes Fell sah struppig aus.

In der Nacht fiel Schnee. Am anderen Tag sahen der Mann und die Frau die Fußspuren der Katze. Sie führten bis zu ihrer Tür. Die Katze konnten sie nicht entdecken. Aber sie mußte in der Nähe sein.

Es schneite den ganzen Tag. Als es dämmerig wurde, saß die Katze unter dem Holunderstrauch. Aus halbgeschlossenen Augen blickte sie zum Haus hinüber. Die Frau schaute den Mann an. Der Mann füllte Fleischreste in eine Schüssel und stellte die Schüssel vor die Tür.

In der Nacht wachte die Frau auf. Sie glaubte, jemand habe nach ihr gerufen.

Aber es war nichts.

Am anderen Morgen war die Schüssel leer. Es hatte aufgehört zu schneien. Die Sonne schien. Mittags schrie der Rabe. Die Katze mußte noch im Garten sein.

Am Abend kam der Frost. Eiszapfen hingen an der Dachrinne. Der Schnee funkelte wie tausend Diamanten. Als der Mond aufstieg, erkannten sie die Katze unter dem Holunderstrauch. Sie sah sehr klein aus. Sie fror.

Der Mann und die Frau blickten sich an. Dann öffnete die Frau die Tür. Sie warteten. Nach einer Weile kam die Katze herein. Sie blinzelte im Licht. Langsam und ganz vorsichtig ging sie durch den Raum. Dann setzte sie sich unter den Herd. Sie schloß die Augen bis auf einen Spalt und fing an zu schnurren.

Gina Ruck-Pauquèt

Moses und der Fremde

Moses war der Herr der Dächer. Er war ein riesiger weißer Kater mit grauen Pfoten, grauen Ohren und einem grauen Fleck über dem linken Auge. Tagsüber wohnte Moses bei dem alten Klabunke in der Dachwohnung. Sein eigentliches Leben aber lebte er in den Nächten. Dann schritt er einsam über die Dächer, den mächtigen runden Kopf hochgereckt. Er kannte alle Geräusche und Gerüche. Jeder Dachziegel und jede Luke waren unter seiner Kontrolle.

Moses war alt. Die närrische Zeit, in der er Vögel gejagt hatte, war vorüber. Jetzt konnte er viele Stunden bei den Fernsehantennen auf dem Flachdach liegen, die Vorderpfoten verschränkt und den Blick nach innen gerichtet, in die Tiefen seiner Katzenpersönlichkeit.

Moses brauchte niemanden und nichts. Er war sich selber genug. Trotzdem passierte eines Tages etwas völlig Unvorhergesehenes: Eine Katze tauchte auf den Dächern auf.

Es war ein schmaler, hochbeiniger Kater mit schwarzem Fell und weißen Pfoten. Moses glaubte zuerst an einen Traum. Aber dann kam der Fremde näher, vorsichtig, als fürchte er einzubrechen.

Moses verengte die Augen und knurrte. Er ließ seine Schwanzspitze zucken, was verkündete, daß er aufspringen und angreifen würde.

Der andere blieb stehen. Dann setzte er sich in einigem Abstand hin und blickte in die entgegengesetzte Richtung. Moses schloß die Augen. Heimlich aber blinzelte er immer wieder zu dem Schwarzen hinüber. Gegen Morgen war der plötzlich verschwunden.

Aber der Schwarze kam nun jede Nacht. Anfangs brummte Moses noch. Dann duldete er den anderen, der ihm niemals zu nahe kam. Und in einer dieser Sommernächte ertappte sich Moses dabei, daß er nach dem Fremden Ausschau hielt.

Wenig später, als der Mond rund war, hatte sich Moses entschlossen: Er stand auf und stieß einen lockenden Ruf aus. Dann schritt er voran, und der andere folgte ihm. Moses zeigte dem jungen Kater die Dächer.

182

Gina Ruck-Pauquèt

Katzenzauber

Scha-Scha war die schönste Katze weit und breit. Ihre Augen waren rund und golden wie Monde. Ihr Fell war seidig und hatte die Farbe von Kaffee mit sehr viel Milch.

Scha-Scha putzte sich den ganzen Tag. Die anderen Katzen wollten sie zur Miß Katze wählen. Sicher wäre Scha-Scha auch Miß Katze geworden, wenn nicht die schwarze Katzenhexe gewesen wäre.

Die schwarze Katzenhexe beneidete Scha-Scha um ihre Schönheit. Sie ließ ihre Schwanzspitze pendeln und grübelte, wie sie die Milchkaffeekatze aus dem Weg räumen könnte. Dann fiel es ihr ein.

Sie ging hin und sprach einen Zauber-

spruch: „Hokus, Pokus, Katzerlabim!" sagte sie.

Und schon verwandelte sich Scha-Scha in eine Kröte. Weil man aber Schönheit nicht fortzaubern kann, war Scha-Scha die schönste Kröte weit und breit.

Ihre Haut war über und über goldgetupft, als sei sie voller Sonnenflecke. Und ihre Augen sahen aus wie Smaragdsplitter.

Kaum hatten die anderen Kröten sie gesehen, da wollten sie sie zur Miß Kröte wählen. Scha-Scha wäre auch sicher Miß Kröte geworden, wenn nicht die braune Krötenhexe gewesen wäre.

Die braune Krötenhexe beneidete Scha-Scha um ihre Schönheit. Sie summte ein Krötenlied und grübelte, wie sie die Sonnenfleckkröte aus dem Weg räumen könnte. Dann fiel es ihr ein.

Sie ging hin und sprach einen Zauberspruch: „Hokus, Pokus, Kröterlabim!"

Und schon verwandelte sich Scha-Scha – in eine Katze zurück! Die Katzenhexe erschrak so sehr, daß sie sich besserte und eine halbwegs anständige Katze wurde.

Scha-Scha aber hatte keine Lust mehr, Miß Katze zu werden. Das war ihr mit viel zuviel Ärger verbunden. Sie kletterte auf einen Baum und war einfach Scha-Scha.

Gina Ruck-Pauquèt

Katz und Maus

Mückes Mutter war eine Katzen-Träumerin gewesen. Sie hatte den Schmetterlingen zugeschaut und im Anemonenbeet geschnurrt. Eines Tages war sie auf der Straße spazierengegangen. Da hatte ein Auto sie totgefahren. Mücke glich ihrer Mutter. Sie schaute auch den Schmetterlingen zu. Und sie schnurrte im Rosenbeet.

Aber mit Mücke war es noch schlimmer.

„Sie ist zu nichts zu gebrauchen", sagten die Leute, bei denen Mücke lebte.

Dagegen lobten sie Mückes Bruder sehr. Mücke spürte, daß man sie nicht mochte. Sie wurde traurig.

Eines Tages ging eine fremde Frau vorüber. Sie erblickte Mücke im Schatten eines Mandelbäumchens und erkannte ihre Einsamkeit. Kurz entschlossen klingelte sie.

„Die Mücke?" sagten die Leute. „Ja, die können Sie schon mitnehmen."

„Ich habe einen kleinen Garten", sagte die Frau. „Es wird ihr gutgehen bei mir."

185

„Tja", sagten die Leute, „wir möchten es Ihnen lieber sagen: Es stimmt was nicht mit der Mücke."

„Wollen Sie damit andeuten, daß sie verrückt ist?" fragte die Frau.

Sie hielt die Mücke schon auf ihrem Arm, als sie das fragte.

„So ähnlich", sagten die Leute. „Sie fürchtet sich nämlich vor Mäusen."

„Das kann ich gut verstehen", sagte

die fremde Frau. „Ich fürchte mich auch vor Mäusen."

Und damit nahm sie Mücke mit sich heim. Sie verstanden sich gut, und schon nach einer Woche hatte Mücke ihre Traurigkeit verloren. Sie spielte und schnurrte, oder sie saß mit untergeschlagenen Vorderpfoten im Garten, ganz versunken in den Anblick eines Gänseblümchens.

Eines Abends aber war plötzlich eine Maus im Zimmer. Da schrie die Frau laut auf und sprang auf den Tisch. Und Mücke kletterte wie wild an ihr hoch und krallte sich in ihre Schulter. Die Maus machte Männchen, dann huschte sie zur Tür hinaus.

„Meine kleine Mücke", sagte die Frau. Und Mücke drückte das Schnäuzchen in ihre Hand. Sie waren sehr glücklich, denn sie hatten miteinander ein Abenteuer bestanden.

Anna Müller-Tannewitz

Der rotgelbe Wald

Lauter Gesang erklang zwischen den Bäumen.

„Wir woll'n zur schönen Sommerzeit ins Land der Franken fahren!"

Eine Gruppe Wanderer kam auf dem Waldweg daher. Sie trugen dicke Rucksäcke. Einer hatte auf seinem Rucksack noch einen Aluminiumtopf festgebunden.

Der alte Hase, der in der heißen Sonne unter einem Busch lag, wurde wach. Er murrte: „Nicht einmal ein Mittagsschläfchen kann man halten. So einen Lärm zu machen!"

Ärgerlich blickte er den Menschen nach.

„Diese Schreihälse! Sicher haben sie irgendwo ihr Essen gekocht. Und jetzt brüllen sie!"

Er schob sich in dem warmen Sand zurecht. Der Gesang verhallte allmählich. Der Hase überlegte. „Diese Leute sind ja harmlos, so wahr ich Weißbart heiße. Der Förster mit seinem Gewehr singt niemals."

Schon wollten ihm die Augen wieder zufallen, da kam ihm ein fremder Geruch in die Nase. Er schnupperte. Mit der schwachen Luftströmung wehte Rauch heran.

Weißbart fuhr aus seinem Lager hoch. Er hoppelte den Waldweg entlang. Der Rauch wurde stärker. Jetzt blieb Weißbart sitzen. Er blickte auf die Lichtung rechts im Wald. Kleine Flämmchen tanzten da zwischen Kiefernnadeln, Laub und Gras. Nun leckten gelbe Feuerzungen aus einem Reisighaufen.

Der alte Weißbart erstarrte vor Schrecken. „Da haben die Schreihälse natürlich ihr Feuer nicht ganz ausgelöscht. Und das bei dieser Trockenheit! In keinem Graben Wasser! Ich muß die anderen benachrichtigen!"

Er raste zum nächsten Hasenbau und rief: „Heraus! Der Wald brennt!" Dann rannte er zur zweiten Hasenwohnung – und so immer weiter.

Endlich kam er zum Waldrand. Dort standen zwei Jungen mit ihren Fahrrädern. Im Vorbeiflitzen hörte Weißbart den einen sagen: „Guck nur, wohin rennen denn alle Hasen? Und da kommen auch noch Dachse und Füchse und Rehe!"

Der andere antwortete: „Der Wald brennt ja! Da hinten sieht man schon rote und gelbe Flammen! Schnell zum

Bürgermeister und die Feuerwehr verständigen!"

Der alte Weißbart lief zu den Heidebergen. Dorthin kam das Feuer nicht, weil überall Sand lag. Er streckte sich wieder aus und blinzelte in die Rauchwolken.

„Da sind ja schon die ersten Löschwagen", murmelte er zufrieden. „Gut, daß ich das Feuer so früh entdeckt habe!"

Anna Müller-Tannewitz

Die Treibjagd

Am Himmel stand der Vollmond und schien auf eine Hasenversammlung herab.

Ein uralter Hase mit weißem Schnurrbart sagte: „Ihr wißt, daß morgen die Jäger aus der Stadt kommen. Nach dem ersten Vollmond im Herbst machen sie eine Treibjagd, vielleicht auch zwei oder drei. Ich habe keine Lust, mich totschießen zu lassen. Was sollen wir tun?"

Da sagte ein ganz junger Hase: „Wir müssen die Jäger an der Nase herumführen!"

„Sehr richtig, mein Bester", antwortete der Alte. „Aber wie denn?"

„Das weiß ich auch nicht", stotterte der Junge.

Der Alte meinte: „Du sollst von jetzt ab ‚Weiser Ratgeber' heißen, weil du so klug bist!"

Da lachten alle Hasen so laut, daß der Mond ein ganz verwundertes Gesicht machte.

Der Alte nahm wieder das Wort. „Ich will euch sagen, was wir tun müssen. Wir ziehen ganz einfach in die Stadt. Da bleiben wir so lange, bis die Jagd vorbei ist. Wir verkriechen uns in den Parks und überall dort, wo etwas Grün wächst."

So geschah es. Die Hasen zogen noch in derselben Nacht in die Stadt.

Am nächsten Tag machten die Jäger ihre Treibjagden. Sie bliesen in ihre Hörner: Halli, hallo!

Die Treiber schlugen gegen jeden Busch und Baum und trampelten durch jedes Dickicht. Aber sie scheuchten keinen Hasen auf. Die Jäger verschossen, bumm, bumm, bumm, viele teure Patronen. Doch außer einem alten Fuchs trafen sie nichts.

„Sicher ist das nasse Wetter daran schuld, daß es in diesem Sommer keine Hasen gibt", sagten die einen.

„Vielleicht haben die Krähen die kleinen Hasen totgehackt", sagten die anderen. „Oder die Schlingensteller haben sie weggefangen!"

Die Jäger ärgerten sich. Mit kalten Füßen kehrten sie abends in die Stadt zurück. Und das Lastauto, das die toten Hasen mitbringen sollte, blieb leer.

Aber die Hasen schlugen Purzelbäume vor Freude!

Anna Müller-Tannewitz

Der weiße Hase

Grönland heißt Grünland. Aber weil im Norden fast immer Winter ist, verschwindet das wenige Grün meist unter einer Decke von Eis und Schnee. Deshalb gibt es dort auch weiße Bären, Füchse und Hasen. Man sieht die Tiere nur, wenn sie sich bewegen, denn Weiß ist ihre Schutzfarbe.

In diesem Eisland stand ein einsames Haus. Auf einem Schild über der Tür las man: WETTERSTATION. Als im Sommer an einigen Stellen zartes Grün hervorschimmerte, ästen dort zwei weiße Hasen, ein großer und ein kleiner. Sie blickten hinauf zu dem einsamen Haus.

„Darin wohnen Menschen", sagte der Hasenvater zu seinem Sohn.

„Vor Menschen muß man sich hüten."

„Warum denn?" fragte der Kleine.

„Nun, ich will dir eine Geschichte erzählen, dann weißt du es:

Im Winter gibt es für uns Hasen wenig zu essen. Ich wäre längst vor Hunger gestorben, gäbe es nicht dieses Haus. Es ist eine Wetterstation, wie du an dem Schild über der Tür siehst. Wenn im Winter die Sonne hier bei uns am Tage schläft, dann schlafen auch die Menschen fast immer. Hin und wieder machen sie Licht, wie, weiß ich nicht. Doch es war, als schiene die Sonne in ihrem Haus, und ich konnte die Menschen sehen.

Einmal schlich ich mich nahe heran und sah sie drinnen essen. Was sie nicht mochten, kippten sie aus dem Fenster in den Schnee.

Schon wollte ich mich darüber hermachen, da hörte ich einen Fuchs bellen. Ich schlug einen Haken und fuhr in eine Schneekuhle. Da kamen ein blauer Fuchs und dann noch ein weißer und noch einer. Sie aßen sich satt und ver-

schwanden. Dann lief ich hin und wurde auch noch satt. Das war meine schönste Zeit.

Als der Winter und das große Dunkel vorüber waren, kamen die Menschen aus dem Haus. Sie ließen Luftballone steigen und schrieben etwas in ihre Notizbücher.

Die drei Füchse und ich liefen immer noch zu dem Futterplatz. Die Füchse hatten sich ganz an die Menschen gewöhnt. Sie liefen kaum noch fort, wenn jemand aus dem Haus trat. Ihr Fell war von dem guten Essen dicht und seidig geworden.

Eines Tages aber schob sich ein langer Stock durch das Fenster. Die Füchse kauten gerade mit vollen Backen. Es blitzte und krachte, einmal, zweimal, dreimal! Ich raste vor Angst davon, so weit mich meine Beine trugen.

Am anderen Tag sah ich die Felle der Füchse an einer Leine flattern. Sie sollten wohl in der Luft trocknen. Da wußte ich, daß die Füchse tot waren.

Bis heute bin ich nicht wieder zu dem Haus gegangen. Und jetzt nur, um dich zu warnen. Die Füchse sind zwar unsere Feinde. Aber die Menschen sind für uns Hasen noch gefährlicher!"

Sigrid Heuck

Lilliput

Lilliput war eine freche kleine Schimmelstute. Unter ihrem langen Mähnenschopf blitzten dunkle Augen, und das sah immer so aus, als wollte sie sich über alles lustig machen. Sie gehörte zu unserer Ponyherde.

Eines Tages entdeckte Lilliput, daß man sich unter einem Weidezaun durchwälzen kann. Und weil sie sehr freiheitsliebend war, gefiel es ihr draußen besser als auf der Weide bei den anderen Ponys.

Zuerst lief sie durch das Dorf. Beim Dorfkrämer klaute sie einen Apfel. Beim Huberbauern fraß sie den Hühnern das Futter weg, und beim Schmied schaute sie kurz in die Werkstatt.

Doch als der Stefan und die Sabine mit dem Schulranzen auf dem Rücken die Straße hinunterkamen, lief sie gleich hinter ihnen her.

Der Schulranzen von Stefan duftete nach Brot und die Rocktasche von der Sabine nach Äpfeln.

Die Schule war im Nachbardorf. Lilliput war sehr traurig, als die Kinder im Schulhaus verschwanden, und sie blieb in der Nähe, bis es zur großen Pause klingelte.

Alle Kinder stürzten hinaus. Das Pony

wurde gestreichelt, gekrault und gefüttert, was ihm sehr gut gefiel.

Deshalb wartete es im Schulhof, bis die Schule aus war, und begleitete dann den Stefan und die Sabine wieder nach Hause. Es wälzte sich unter dem Zaun durch, gesellte sich zu den anderen Ponys und tat so, als wenn nichts geschehen wäre.

So ging das mehrere Tage lang. Doch eines Morgens klingelte bei uns das Telefon.

„Vermissen Sie vielleicht ein kleines weißes Pony?" fragte mich der Lehrer aus dem Nachbardorf.

„Ich glaube nicht", sagte ich vorsichtig. Bei einer großen Ponyherde weiß man nämlich nie genau, ob man eines vermißt oder nicht.

„Es muß aber eines von Ihnen sein", sagte der Lehrer. „Es gibt sonst keine Ponys in der Gegend."

Da hatte er recht.

„Wo ist es?" fragte ich.

„Es kommt seit einigen Tagen in die Schule. Solange es im Hof blieb, störte es nicht. Aber heute stieg es die Treppe hoch und lief den Gang entlang bis in das Klassenzimmer. Das geht zu weit! Bringen Sie einmal dreißig Kindern das Einmaleins bei, während ein kleines Pony zwischen den Bankreihen herumläuft und unter die Tische schaut!"

Das sah ich ein, und ich machte mich gleich auf den Weg ins Nachbardorf, um Lilliput in der Schule abzuholen.

Es war nicht leicht, ihr klarzumachen, daß sie dort nichts verloren hatte. Für ein Pony ist das Einmaleins nicht so wichtig wie für Kinder.

Sigrid Heuck

Der schlaue Rico

Rico war ein besonders kluges Pony. Seine Lieblingsbeschäftigung außer Schlafen war Fressen. Wenn ihn niemand davon abhielt, fraß er von morgens bis abends ohne Pause.

„Rico ist wieder viel zu fett", sagte die Frau, der er gehörte, und sie versuchte, ihn vom Fressen abzuhalten, indem sie ihn in einen Sandauslauf sperrte.

Leider hatte sie nicht mit Ricos Schlauheit gerechnet. Er bekam schnell heraus, wie man sich durch einen Zaun windet.

Zuerst fraß er sich auf der Wiese des Nachbarn satt. Darüber ärgerte sich der Nachbar, weil er das Futter für seine Kühe brauchte. Er brachte das Pony zurück und flickte den Zaun.

Beim nächstenmal brach Rico in den Garten des Pfarrers ein und holte sich dort die Falläpfel.

Das nahm ihm die Pfarrköchin sehr übel, denn sie hatte vorgehabt, von den Äpfeln Apfelmus zu kochen. Laut schimpfend brachte sie ihn zurück und bat den Nachbarn, den Zaun noch einmal auszubessern.

Kaum war er damit fertig, brach der Rico wieder aus. Diesmal hatte er keinen großen Hunger. Der Sinn stand ihm nach Leckereien.

Er stellte sich in aller Ruhe auf die Dorfstraße und überlegte. Auch als ein Auto daherkam, ließ er sich nicht stören.

Der Autofahrer mußte scharf bremsen, doch Rico überlegte weiter.

„He!" brüllte ihn der Mann am Steuer an. „Geh aus dem Weg!"

Neugierig trippelte das Pony näher. Es hatte schon oft Spaziergänger angebettelt, die an seiner Weide vorbeigekommen waren. Einige von ihnen hatten es mit Würfelzucker und altem Brot gefüttert, und das hatte ihm sehr gut geschmeckt.

Das haltende Auto war ihm einen Versuch wert.

Also steckte Rico seinen Kopf durchs Autofenster und stupste den Fahrer am Arm.

„Unverschämtheit!" schimpfte der Fahrer. Rico stupste weiter.

„Der will was", sagte der Beifahrer.

Und als das Pony einen Keks bekam,

zog es den Kopf zurück. Der Mann durfte weiterfahren.

Doch hinter ihm hatte ein zweiter Autofahrer anhalten müssen. Bevor er wußte, wie ihm geschah, hatte er eine feuchtwarme Ponynase im Gesicht, die ihn abschnupperte.

„Ist der aber süß!" rief seine Frau entzückt und kramte ein paar Bonbons aus der Tasche.

Mit den Bonbons auf der Zunge wendete Rico sich dann dem dritten Auto zu.

So ging das immer weiter, und bald versperrte eine lange Autoschlange die Durchfahrt durch das Dorf. Auch der Gegenverkehr kam rasch zum Erliegen.

„Was ist los?" schrien die Leute.

„Warum müssen wir halten?" Und sie schimpften und hupten.

Den Rico störte das nicht weiter.

Irgendwann holte irgendwer die Polizei. Weil aber in keiner Polizeivorschrift zu finden war, wie man einem Pony einen Strafzettel ausstellt, blieb es bei einer Ermahnung.

Natürlich wurde er wieder in seinen Auslauf gesperrt. Seine Besitzerin kostete es viel Zeit und Mühe, den Zaun ausbruchsicher zu machen.

Aber alle Leute, die den Rico kennen, wissen, daß ihm bald wieder etwas Neues einfallen wird, denn dumm ist er nicht.

Das kann niemand behaupten.

Sigrid Heuck

Das Ponygespenst

Jeder bei uns im Dorf weiß, daß die Huberbäuerin sehr ordentlich ist. Einmal in der Woche hat sie große Wäsche. Dann flattern den ganzen Tag lang die Leintücher, Kissenbezüge und Hemden auf der Leine in ihrem Garten.

Sascha war ein kleines und besonders dickes Pony.

Besonders dicke Ponys werden leicht krank. Deshalb bekam Sascha Diät verordnet, und das bedeutete Stallarrest.

Das gefiel ihr gar nicht. Sie war nämlich fast immer hungrig.

Eines Tages entdeckte sie, wie man den Riegel an der Stalltür zwischen die Zähne nehmen kann. Sie brauchte nur ein bißchen an ihm zu ziehen, und schon ging die Tür auf.

Unglücklicherweise war der Garten der Huberbäuerin gleich nebenan. Es war ihr Waschtag, und die Bettücher flatterten auf der Leine.

Sascha fand die Gartentür offenstehen, und deshalb machte sie sich unverzüglich auf die Suche nach dem Karottenbeet.

Sie lief unter der Wäsche durch und schob alles zur Seite, was ihr im Weg war.

Leider waren die Wäscheklammern aber schon ziemlich morsch. Die Leintücher waren naß und schwer, und als Sascha noch an ihnen zerrte, fiel plötzlich ein Bettuch über sie.

Auf einmal konnte sie nichts mehr sehen. Sie bekam fürchterliche Angst und versuchte, das Wäschestück so schnell wie möglich wieder loszuwerden.

In diesem Augenblick betrat die Huberbäuerin mit einem neuen Korb nasser Wäsche den Garten. Sie sah ein unwirkliches weißes Wesen zwischen ihren Bettüchern herumtorkeln und schrie laut auf:

„Hilfe!" kreischte sie. „Ein Gespenst! Hilfe! Hilfe!"

Sie ließ den Korb einfach fallen und floh.

Sascha war inzwischen durch das offene Gartentürchen auf die Dorfstraße gewankt. Dort wäre sie beinahe mit einem Auto zusammengestoßen. Die Hühner flatterten gackernd davon. Musch, der Wirtskater, machte einen Buckel, fauchte und rettete sich schnell auf den nächsten Baum.

„Polizei, Polizei!" schrie die Huberbäuerin, während ihr Hund Hasso das Pony wütend anbellte. Die arme Sascha schwitzte vor Angst. Sie buckelte wild, stieg, schlug aus und trat plötzlich auf das Bettuch. Mit dem nächsten Satz zog sie es herunter. Dann machte sie blitzschnell kehrt und rannte in ihren Stall zurück, wo sie zitternd und schnaufend stehenblieb.

Noch lange lachten die Leute im Dorf über diese Geschichte. Nur die Huberbäuerin ärgerte sich, weil sie ihr Bettuch noch einmal waschen mußte.

Ilse van Heyst

Das Kamel hatte Heimweh

Es sah ganz müde aus. Traurig stand es in der Ecke seines Geheges und blickte über Erika hinweg. Seine beiden Höcker, diese wabbeligen Fettberge, neigten sich zur Seite.

Erika stand allein vor dem Kamel. Klaus war schon weitergegangen. Alle Leute gingen gleich weiter; niemand hatte einen Blick oder ein Wort für das Kamel. Aber auch das Kamel interessierte sich nicht für die Leute.

Wo mag es nur hinsehen? fragte sich Erika.

Als hätte das Kamel ihre heimliche Frage gehört, schaute es sie kurz an. Ganz kurz nur. Aber Erika hatte an seinen hellen Augen gesehen, daß es Heimweh hatte.

In ihrem Lesebuch war ein Bild, auf dem zogen viele Kamele durch die Wüste, und die Wüste war golden und wellig. Der Wüstenwind Schamum hatte die Wellen in den Sand gedrückt.

Hier aber stand das Kamel zwischen Zaun und Stallung auf dem schlammigen Boden – statt auf trockenem, goldenem Wüstensand. Oh, Erika konnte verstehen, daß es Heimweh hatte.

Auch sie hatte einmal Heimweh gehabt. Damals, als sie bei Tante Schmuck bleiben sollte, bis die Mutter wieder aus dem Krankenhaus kam. Bei Tante Schmuck war alles anders als zu Hause, da gab es nur Wiesen und Wald, in den sie nicht gehen durfte.

So hatte sie Sehnsucht bekommen nach ihrem Balkon hoch oben über der Straße, nach den bunten Schaufenstern, nach dem Gebimmel der Straßenbahn, nach ihren Eltern und sogar nach Klaus. Doch dann war sie wieder nach Hause geholt worden, und alles war gut gewesen. Aber das Kamel wurde nicht nach Hause geholt.

Sie hätte es gern gestreichelt. Aber sie traute sich nicht.

Sie hätte ihm gern etwas Liebes gesagt. Aber auch das wagte sie nicht. Klaus rief ihr zu: „Komm doch endlich!"

Nun gingen sie zu den Ziegen und Schafen, zu den Zebras und Mulis, zu den Adlern und zu den Papageien, aber Erika dachte immer nur an das Kamel. Auch noch zu Hause. Auch die nächsten Tage und Wochen. Ja, selbst viel später noch dachte sie immer wieder einmal an das Kamel, das so traurig über alles hinweggesehen hatte.

Ilse van Heyst
Lindolf zeigt die Zunge

Erika stand oft vor den Giraffen und bewunderte ihr schönes Fell, das wie mit einem weißen Netz überzogen schien. Sie bewunderte auch den langen Hals, mit dem sie bis in die Baumkronen reichen konnten.

Noch nie aber hatte sie einer Giraffe richtig ins Gesicht gesehen, weil das halt so hoch oben war. Erika sah immer nur von unten gegen das Maul.

Diesmal aber kam das große Giraffenmännchen Lindolf auf sie zu, blieb gleich hinterm Zaun stehen, spreizte seine langen Beine und senkte den Kopf so tief, bis ihm Erika gerade in die Augen sehen konnte.

Was für Augen! dachte Erika, und diese dichten langen Wimpern! Da meinte Gabi immer, sie habe die längsten und dichtesten Wimpern. Aber das stimmte nicht. Lindolfs Wimpern waren viel schöner.

Und die Hörner! Die waren mit Fell überzogen. Nur ganz oben guckte das Horn heraus. Obendrein hatte Lindolf nicht nur zwei, sondern drei Hörner: außer den beiden vor den hübschen Ohren noch ein drittes auf der Stirn. Schließlich zeigte Lindolf noch seine Zunge. Natürlich streckte er sie ihr nicht entgegen, um sie zu ärgern. So ungezogen war Lindolf nicht. Er hatte nur an dem Strauch ein paar Blätter entdeckt, und die wollte er haben. Darum ließ er seine lange Zunge herausschnellen – wie eine Schlange – und faßte damit um das Ästchen, so daß es abriß und er die Blätter kosten konnte. Mehr als eine Kostprobe war es nicht. Lindolf sah Erika noch einmal in die Augen. Dann nahm er seinen Kopf wieder hoch.

„Es war nett von dir", sagte Erika, „daß du mir mal gezeigt hast, wie du aussiehst, im Gesicht meine ich, und am Kopf und so."

Vielleicht wollte aber auch Lindolf einmal Erika richtig ins Gesicht sehen, denn immer nur so von oben sah er ja nur die Haare.

201

Ilse van Heyst

Oskar, der Gorilla-Mann

Oskar, der große Gorilla, stand auf der Galerie seines Käfigs, die an den Käfigwänden herumlief.

Oskar klatschte in die Hände.

Ein Mann auf der anderen Seite des Gitters klatschte ebenfalls in die Hände.

Das ging eine Weile hin und her.

Plötzlich riß Oskar ein Brett aus der Bretterwand hinter sich und schlug damit gegen das Gitter.

Es ergab ein furchtbares Gedröhn.

Da rief der Mann: „Tüchtig, Oskar! Du bist tüchtig!"

Oskar riß weitere Planken aus der Wand, daß die Splitter nur so flogen.

Der Mann klatschte Beifall.

Oskar klatschte auch.

Auf einmal ließ er sich in Affengeschwindigkeit von seiner Galerie herunter, spuckte in seine Pranken und warf dem Mann seinen Speichel ins Gesicht. Klatsch! Das saß!

Der Mann lachte und klatschte wieder Beifall.

Erika wußte nicht, weshalb er lachte und weshalb er klatschte.

Oskar war doch nicht vergnügt, sondern wütend, und wütend ist man doch nur, wenn man sehr, sehr traurig ist und nicht aus noch ein weiß.

Doris Jannausch

Nachts auf der Wiese

Auf einer Wiese, die aussah wie jede andere, lebten zwei Mäuse: Mathilde und Amadeus Knabberzahn. Die hatten von Verwandten aus Amerika Schuhe bekommen, winzig kleine Mäuseschuhe. Darauf waren sie sehr stolz. Jeden Abend, wenn die Knabberzahns zur Ruhe gingen, stellten sie ihre Schuhe auf ein großes Blatt, legten sich in den Haselnußstrauch und schnarchten.

So auch in der Nacht, als der Marienkäfer Wutzelkuß Geburtstag feierte. Das war ein frohes Fest: Bienen, Hummeln, Käfer, alle tanzten übermütig, sogar die Ameisen machten Pause und feierten mit.

Als der Mond senkrecht am Himmel stand, voll und rund wie eine Scheibe Gold, war das Fest zu Ende.

„Gute Nacht, Wutzelkuß", riefen die Wiesenbewohner und machten sich auf den Heimweg.

„Gute Nacht, Freunde", antwortete Wutzelkuß, das Geburtstagskind, breitete die Flügel aus und flog zum Abschied eine Ehrenrunde. Bald wurde es still auf der Wiese. Nur wenige Nachtbummler schwirrten herum, und eine Motte kicherte und machte „hicks!", denn sie hatte einen Schwips. Auch die anderen waren betrunken und merkten darum nicht, was um sie herum vorging.

Das nutzte der schlaue Klettermaxe aus. Klettermaxe war ein geübter Einbrecherkäfer und hatte es auf die Schuhe der Knabberzahns abgesehen, die aus Amerika. Er brauchte sie nicht für sich selbst, o nein! Für seine dünnen Beinchen wären die Schuhe der Knabberzahns zu groß gewesen. Doch er kannte eine Mäusefamilie von einer anderen Wiese, die viel dafür gegeben hätte. Darum wollte Klettermaxe sie stehlen.

Vorsichtig legte er die Leiter an und kletterte hinauf. Fliegen konnte er nicht, denn die Polizei hatte ihm vor einiger Zeit die Flügel gestutzt, die mußten erst nachwachsen.

„He, Amadeus", flüsterte Frau Knabberzahn, „hörst du nichts?"

Amadeus Knabberzahn lauschte. „Irgendwer spielt Geige", antwortete er verschlafen. „Und eine Motte macht dauernd ‚hicks'!"

„Das meine ich nicht", raunte Frau Knabberzahn, die ein ausgezeichnetes Gehör besaß. „Jemand steigt auf unseren Haselnußstrauch."

„Waas?" Amadeus Knabberzahn sprang auf. Drohend rief er: „He, wer wagt es, unsere Nachtruhe zu stören?"

Klettermaxe purzelte vor Schreck die Leiter hinunter: direkt in die Arme des Wiesenpolizisten. „Sie sind verhaftet", sagte dieser streng und führte Klettermaxe ab.

Die Knabberzahns legten sich wieder zur Ruhe. Bald war alles mäuschenstill. Nur die kleine beschwipste Motte machte: „Hicks!"

205

Doris Jannausch

Drei rosarote Ferkelchen

Ein reicher Bauer hatte einen Sohn, der hieß Wenzel. Wenzel wollte nicht arbeiten, nicht lachen, er lag nur im Bett und starrte düster zur Decke.

„So kann es nicht weitergehen!" sagte der Bauer und ließ bekanntgeben, daß er seinen Wenzel mit derjenigen verheiraten wolle, der es gelänge, ihn aus der Stube herauszuholen und zum Lachen zu bringen.

Viele Mädchen strömten herbei, schnitten Grimassen oder erzählten lustige Geschichten. Doch Wenzel winkte nur müde ab, gähnte und drehte sich auf die andere Seite.

In der Nähe des Bauernhofes lebte ein schönes Mädchen mit Namen Maria. Sie war sehr arm und wohnte mit ihrem Großvater in einer alten Hütte. Auch sie hatte vom reichen Wenzel gehört.

„Willst du ihn haben?" fragte sie eines Tages der Großvater. „Dann zeig' ich dir was."

Er ging in den Stall, holte drei klitzekleine Ferkel, sein einziges Hab und Gut, das er sich vom mühsam ersparten Geld gekauft hatte, und brachte sie in die Stube. Sie waren hellrosa und hatten kleine Löckchen am Schwanz. Der Großvater nahm eine Flöte aus der Kiste und spielte darauf. Da tanzten die rosa Ferkelchen und wedelten mit den Schwänzchen, daß es eine Freude war, sie anzusehen.

Maria lachte. „Was ist das für eine Flöte?" fragte sie.

Der Großvater antwortete: „Eine Wunderflöte. Ich habe sie vor vielen Jahren auf dem Markt in Istanbul gekauft. Sie bringt Schweine zum Tanzen."

Maria legte die drei Ferkelchen vorsichtig in ihre Schürze und wanderte zum Bauernhof. Unter dem Fenster des traurigen Wenzel setzte sie die Tiere auf die Erde und begann, Flöte zu blasen. Die Ferkel hüpften und tanzten und waren guter Dinge. Dabei quiekten sie, als kitzle sie einer am Bauch. Die Knechte und Mägde standen reihum und lachten.

„Was ist das für ein Lärm?" fragte Wenzel, ging zum Fenster und blickte hinaus. Und was sah er? Drei tanzende Ferkelchen und ein schönes Mädchen, das Flöte spielte. Zuerst staunte er, dann schüttelte er den Kopf, dann lachte er laut heraus. Mehr noch, er lief in den Hof und wollte auch Flöte blasen. Die Ferkelchen tanzten dazu und gerieten ganz aus dem Häuschen. Bald lagen alle Zuschauer der Länge lang im Hof herum und platzten fast vor Lachen. Auch der traurige Wenzel.

„Willst du mich heiraten?" fragte er.

„Ja", antwortete Maria, denn sie fand, daß er nicht nur reich, sondern auch freundlich und gescheit war.

206

Sie heirateten und nahmen den Großvater zu sich. Die drei rosaroten Ferkelchen aber wurden große, fette Schweine.

Wenn es auf dem Bauernhof einmal traurig zuging, holten Wenzel und Maria die Flöte und ließen die Schweine tanzen. Das war ein Spaß! Und weil die Arbeit schneller von der Hand geht, wenn man fröhlich ist, und weil man dann auch viel besser denken kann, waren sie alle sehr glücklich. Sie hatten eben, wie man sagt, „Schwein" – und eine Wunderflöte dazu.

Doris Jannausch

Der Riese Dünnstiel

Es war einmal ein Riese, der hieß Dünnstiel. Er lebte in einer Höhle vor der Stadt. Da es außer ihm keine Riesen mehr gab, hatte er immerzu Langeweile. Was soll ein Riese machen, wenn er Langeweile hat?

Nun, Dünnstiel beschäftigte sich damit, riesengroße Felsblöcke auf die Stadt zu werfen, ganz schnell und leicht, als seien es Gummibälle. Die Häuser gingen kaputt, und die Menschen lebten in ständiger Angst.

„Wir müssen den Riesen Dünnstiel loswerden", sagte der Bürgermeister. „Es fragt sich nur, wie. Hat jemand einen Vorschlag?"

„Ja", antworteten die Stadträte. „Wir werden ihn bekämpfen."

Ein Heer Soldaten wurde angefordert. Das rückte schwerbewaffnet zur Höhle. Sogar Kanonen wurden aufgestellt. „Komm heraus!" rief der Anführer der Soldaten. „Jetzt ist es aus mit dir!"

Als der Riese erschien, feuerten sie mit allen Geschützen: peng, peng, peng!

„Hahaha", lachte Dünnstiel schallend. „Das macht mir nichts aus. Es kommt mir vor, als würdet ihr mich mit Federn kitzeln."

Alle Kugeln prallten an ihm ab wie Kinderspielzeug. Da war nichts zu machen.

„Wir werden Hubschrauber einsetzen und ihn in einem großen Netz fangen",

schlug ein schlauer Mann vor. Eine gute Idee!

Zwanzig Hubschrauber umkreisen den Felsen, wo Dünnstiel lebte. Als er herauskam, um zu sehen, was da so ratterte und knatterte – schwuppdiwupp! –, ließen sie ein Netz herab und warfen es über den Riesen.

Da mußte er noch mehr lachen. Um den Leuten eine Freude zu machen, zappelte er wie ein Käfer, dann riß er – ritscheratsch! – das Netz auseinander, holte tief Luft und pustete kräftig, daß die Hubschrauber in alle Windrichtungen davonflogen.

„Wir kriegen den Riesen nicht los", jammerten die Leute.

„Laßt mich noch ein Letztes versuchen", sagte Frau Blümli, die Köchin der großen Werkkantine.

Sie kochte einen dicken Erbsbrei, gewaltige Kessel voll, und sie ließ den Brei mit Lastwagen zur Felsenhöhle fahren.

„Mein lieber Dünnstiel", rief Frau Blümli, „ich habe dir etwas Feines mitgebracht!"

Als der Riese die Kessel mit Erbsbrei sah, zog er sich in seine Höhle zurück und ließ sich bedienen. Er löffelte mit Schöpfkellen, groß wie Wassereimer. Kessel um Kessel schaufelte er schmatzend leer und verlangte mehr und immer mehr. Frau Blümli kam gar nicht mehr nach mit Kochen. Erst am fünften Tag schrie Dünnstiel:

„Genug! Jetzt muß ich erst mal schlafen."

Bald konnte man sein Schnarchen in der ganzen Stadt hören. Die Wände wackelten, und die Bäume bogen sich, so laut klang das. Nach wieder fünf Tagen hörte man die Stimme des Riesen: „Gebt mir zu essen, oder ich werfe alle Berge auf die Stadt!"

Frau Blümli kochte und kochte. Nach einigen Wochen war der Riese so fett geworden, daß er nicht mehr aus der Felsenhöhle herauskonnte.

Da mauerten sie den Eingang schnell zu, und seitdem hat keiner mehr ein Sterbenswörtchen von dem dicken Dünnstiel gehört. Vielleicht schläft er noch, der alte Vielfraß.

Frau Blümli aber bekam den Erbsbreiorden. Das ist der ehrenwerteste Orden weit und breit.

Doris Jannausch

Die Sandmännchenfrau

„Wirklich unerhört", sagte Frau Sandmann vorwurfsvoll. „Es ist bald Abend, die Kinder müssen ins Bett, und du sitzt noch immer hier herum. Willst du nicht endlich losgehen und Geschichten erzählen?"

Das Sandmännchen aber antwortete: „Ich weiß nicht, aber ich fühle mich heute nicht wohl. Mein Hals tut weh, die Ohren sausen, und mir ist heiß, als hätte ich einen Eimer kochendes Wasser getrunken."

Da sorgte sich Frau Sandmann sehr. Sie brachte ein Fieberthermometer, nicht größer als ein Kinderzeigefinger, denn Sandmännchen sind ziemlich kleine Leute. Es mußte das Thermometer in den Mund nehmen – und was sah die

Sandmännchenfrau? Ihr Mann hatte ganz hohes Fieber: hundertdreiundzwanzig Grad! Da half alles nichts, sie packte ihn ins Bett und ließ ihn tüchtig schwitzen.

„Was nun?" jammerte das Sandmännchen. „Die Kinder werden auf mich warten. Wie sollen sie einschlafen, wenn ich nicht zu ihnen komme? Wer soll die Treppen hinaufsteigen, die Türen leise aufmachen, den Kindern Sand in die Augen streuen, so fein, daß sie mich nicht sehen können und müde werden? Wer soll sich ans Bett setzen und die Träume über sie streuen?"

„Ich!" rief Frau Sandmännchen.

„Was, du?" Ihr Mann wäre fast vor Schreck aus dem Bett gefallen.

„Ja, ich", sie zog die acht wollenen Bettdecken über ihm zurecht, gab ihm Fliedertee zu trinken und machte sich auf den Weg zu den Kindern.

Nun müßt ihr wissen, daß die Sandmännchenfrau sehr schön ist, mit langen seidigen Haaren und Händen, sanft wie ein Frühlingswind. Sie duftet ein ganz klein wenig nach Rosen. Als sie an die Betten der Kinder trat, ganz leise, sich zu ihnen hinabbeugte und mit ihren zarten Fingern über die Augenlider strich, wurden die Kinder ganz schnell müde, kuschelten sich in die Federn und dachten: ‚Heute ist das Sandmännchen besonders nett zu uns!' Sie schliefen schnell ein und träumten die schönsten Dinge.

Bald war das Sandmännchen gesund und nahm sein Amt wieder auf. Weil sie es aber so gut gemacht hatte, durfte seine Frau weiter zu den Kindern gehen, Abend für Abend, sie und ihr Mann teilten sich die Arbeit.

Ja, und wenn ihr, vielleicht eben jetzt, einen feinen Hauch auf euren Wangen spürt und den süßen Duft nach Rosen schnuppern könnt, dann wißt ihr: das ist die Sandmännchenfrau.

Vielleicht hat sie einen ganz besonders schönen Traum für euch.

Isolde Heyne

Wenn ein Sandmann baden geht

Sandmann zu werden ist ein echter Traumberuf. Das schafft nicht jeder Wichtelmann. Und wenn einer wie der Sandmann Ludwig mehr als sieben mal sieben Jahre ohne Fehler seinen Nachtdienst verrichtet hat, dann darf er mit Recht darauf stolz sein. Noch ein paar Monate, dann wird er sein fünfzigjähriges Sandmännchenjubiläum feiern und als Anerkennung sogar die Goldene Sanduhr bekommen. Darauf freute sich Ludwig sehr. Aber an diesem heißen Sommernachmittag denkt Sandmann Ludwig nicht daran. Er hat den Dienst mit seinem Kollegen Klaus getauscht, weil der unbedingt die Berge sehen wollte.

Eigentlich ist Ludwig nämlich für Bayern zuständig. Doch ein paar Wochen am Meer, das ist für ihn auch mal ganz schön. Nur mit den Schlafengehenszeiten kommt er hier nicht zurecht. Die Kinder sind einfach nicht vom Strand wegzukriegen. Immer haben sie neue Ausreden, um das Zubettgehen hinauszuschieben.

Vom langen Warten ist Sandmann Ludwig müde geworden. Ihm ist auch zu warm in seinem Kapuzenmantel. Deshalb beschließt er, sich im Meer abzukühlen.

Er zieht seine Kleider aus, legt sie sorgsam zusammen und versteckt sie im Strandhafer. Damit der Wind sie nicht wegweht, legt er obenauf das Säckchen mit dem Traumsand. Wäre nicht sein langer Bart gewesen, jeder am Strand hätte ihn für einen ganz normalen Jungen gehalten, denn Sandmännchen sind ja nicht groß.

Sandmann Ludwig macht es einen Riesenspaß, wenn das Wasser in Wellen ankommt und seine Füße kitzelt. Ist das ein tolles Gefühl! Nach und nach wagt er sich weiter hinein, so weit, bis sein langer Bart klitschnaß ist und er nicht mehr gehen kann. Als Bergsandmann hat er zwar klettern gelernt, aber nicht schwimmen. So läßt er sich einfach von den Wellen davontragen und achtet überhaupt nicht darauf, wie weit er sich vom Ufer entfernt. Erst als die Sonne untergeht, merkt er, wie spät es ist. Er versucht, schnell ans Ufer zu kommen, aber so einfach ist das nicht. Immer wieder werfen ihn die Wellen zurück ins Meer. Als er es endlich geschafft hat, ist er ganz erschöpft.

Inzwischen ist es dunkel geworden.

Wo habe ich denn nur meine Sachen hingelegt? denkt Sandmann Ludwig. Der Strand sieht ja jetzt ganz anders aus! Nackt und frierend läuft er umher und sucht seine Kleider und das Säckchen mit dem Traumsand.

„Weißt du nicht, wo ich meine Sachen hingelegt habe?" fragt er die Möwe Klara. Sie weiß es nicht. Aber sie ver-

spricht ihm, den Nachtvogel zu rufen. Der kann nachts so gut sehen wie sie am Tage.

Sandmann Ludwig bibbert inzwischen vor Kälte. Die Kinder werden heute nicht einschlafen können, denkt er verzweifelt. Ich habe zum ersten Mal meinen Dienst versäumt. Wenn das rauskommt, kriege ich bestimmt keine Goldene Sanduhr. Er hat ein ganz schlechtes Gewissen.

Endlich kommt der Nachtvogel. Sandmann Ludwig nimmt seinen ganzen Mut zusammen und erzählt ihm, was passiert ist.

„Hilf mir, damit die Kinder endlich zu ihrem Traumsand kommen und einschlafen können", bittet er.

Der Nachtvogel ist gerne dazu bereit. Nicht einmal eine Gegenleistung fordert er. Gemeinsam suchen sie mehr als eine Stunde lang. Dann endlich entdeckt der Nachtvogel das Kleiderbündel des Sandmanns. Aber welch ein Schreck! Das Säckchen mit dem Traumsand ist fast leer. Kinder hatten es entdeckt und damit Sandkuchen gebacken, weil es so schöner weißer Sand war.

„Auch das noch!" stöhnt Sandmann Ludwig. „Wäre ich doch nur in meinen Bergen geblieben."

Da hat der Nachtvogel eine Idee. Er hilft dem Sandmann mit seinem Schnabel, den Sand wieder in das Säckchen zu füllen. Das ist gar nicht so einfach. Denn er kann nicht richtig unterscheiden, welcher Sand nun der echte Traumsand ist.

Und so kommt es, daß in dieser Nacht viele Kinder erst sehr spät einschlafen, obwohl der Nachtvogel dem Sandmann noch hilft, den Traumsand zu verteilen.

Aber viele Kinder schlafen in dieser Nacht ungewohnt unruhig und wälzen sich von einer Seite auf die andere.

Am anderen Morgen sehen die Muttis, daß in den Betten Sand ist. „Das kommt davon, daß ihr euch abends nicht richtig gewaschen habt", schimpfen sie.

„Wir haben uns gewaschen!" verteidigen sich die Kinder. „Ganz gründlich sogar."

Sandmann Ludwig hat ein ziemlich schlechtes Gewissen, als er das hört, denn nur er und der Nachtvogel wissen, weshalb das so ist.

„Ich muß neuen Traumsand holen", sagt der Sandmann zum Nachtvogel.

Deshalb bittet er die Möwe Klara, ihn zur Traumsandinsel zu fliegen. Sie schaffen die lange Strecke bis dorthin an einem halben Tag. Auf der Traumsandinsel nimmt nun Sandmann Ludwig den besten Sand, den er kriegen kann, den mit den allerschönsten Träumen. Dann fliegen sie wieder zurück.

Von da an klappt mit dem Schlafengehen alles.

213

Isolde Heyne

Der verschnupfte Anton

„Hatschi!" macht Sandmann Anton. Immer wieder: „Hatschi!" Mitten im Sommer hat er Schnupfen bekommen. Frau Sandmann macht ihm ein Fußbad, dann muß er Kamillentee einatmen, aber nichts hilft.

„So kannst du heute abend nicht zur Arbeit gehen", sagt sie schließlich. „Erstens könntest du die Kinder anstecken, und zweitens kannst du mit deinem Schnupfen nicht richtig pusten. Stell dir bloß mal vor, du sagst ‚Hatschi' dabei!"

Sandmann Anton sieht das natürlich ein. Aber er kann keine Vertretung auftreiben.

„*Ich* werde dich vertreten!" sagt Frau Sandmann. „Du hast mir schon so viel von den Kindern erzählt, daß ich sie genauso gut kenne wie du. Ich weiß genau, was ich zu tun habe . . ."

„Nein, das . . . Hatschi! . . . nein, das . . . Hatschi! . . . na gut", sagt Sandmann Anton. Recht ist ihm das natürlich nicht. In all den Jahren war er immer pünktlich zur Stelle gewesen. Aber er sieht ein, daß er mit seiner Nieserei schlecht den Traumsand verteilen kann.

Frau Sandmann macht sich abends rechtzeitig auf den Weg. Die geschwätzige Elster schläft schon, und das ist gut. Es braucht ja keiner zu wissen, daß der Sandmann heute eine Frau ist. Nur der Nachtvogel weiß Bescheid. Er hat Anton versprochen, seiner Frau zu helfen.

„Warum habe ich das nicht schon öfters gemacht", sagt Frau Sandmann zum Nachtvogel. „Ich finde, das kann ich genausogut wie die Sandmänner . . . Vielleicht sogar noch ein bißchen besser . . ." Der Nachtvogel blinkert dazu freundlich mit seinen leuchtenden Augen. Ihm gefällt das schon, wie Frau Sandmann behutsam an die Betten der Kinder tritt und sie zum Einschlafen bringt.

Sie kommen an das Haus, in dem Markus mit seinen Eltern wohnt. In seinem Zimmer ist noch Licht, aber Frau Sandmann sieht auch, daß die Lampe mit einem Tuch abgedunkelt ist. Seine Mutter ist bei ihm.

„Der Junge ist krank", erklärt der Nachtvogel. „Er hatte gestern Fieber. Schauen wir mal nach, wie es ihm heute geht."

Was sie sehen, ist nicht gerade beruhigend. Markus dreht sich in seinem Bett von einer Seite auf die andere, sein Kopf glüht vom Fieber. Seine Mutter hat ihm gerade wieder Wadenwickel gemacht. Als sie das Licht löscht und leise aus dem Zimmer geht, setzt sich Frau Sandmann eine Weile an das Bett.

„Hallo, Markus", sagt sie. „Mein Mann ist auch krank, deshalb bin ich heute gekommen. Er hat Schnupfen und macht dauernd ‚Hatschi!'."

Markus dreht den Kopf um, so daß er

die Frau des Sandmanns Anton besser anschauen kann. „Kannst du auch so schöne Geschichten erzählen wie er?" fragt er neugierig.

„Bestimmt. Vielleicht denke ich mir sogar extra eine Geschichte für dich aus." Frau Sandmann legt ihre kühle Hand auf die vom Fieber heiße Stirn von Markus. „Besser so?" fragt sie.

„Viel besser. Und nun eine Geschichte – eine, wo es ganz kalt ist..."

Frau Sandmann lächelt. Natürlich weiß sie so eine Geschichte: „In Grönland lebte einmal eine alte Bärenmutter mit ihrem kleinen Bärenkind Jossy. Einmal gerieten die beiden in einen ganz schlimmen Schneesturm. Jossy wollte einfach nicht mehr weiterlaufen, und so verlor er seine Bärenmutter aus den Augen. Er fürchtete sich sehr, und trotz des dicken Pelzes fror er jämmerlich. ‚Hätte ich bloß nicht so getrödelt', wimmerte Jossy. Er rollte sich in einem Schneeloch zusammen und dachte, der Schneesturm würde nie aufhören. Da hörte er ganz nahe ein lautes Brummen. Das konnte nur die Bärenmutter sein! Jossy wollte ihr antworten, aber er war so dick mit Schnee zugeweht worden, daß die Bärenmutter seine schwachen Rufe nicht hörte.

Da strengte sich Jossy gewaltig an und arbeitete sich aus dem Schnee heraus. Der Sturm hatte aufgehört. Und ein Stück voraus sah Jossy seine Bärenmutter. Da lief er, so schnell er konnte, über das glitzernde weiße Schneefeld ..."

Markus ist inzwischen eingeschlafen. Er träumt die Geschichte von Jossy und seiner Bärenmutter weiter. Frau Sandmann sieht, daß es ein schöner Traum ist, denn Markus lächelt und seine Stirn ist jetzt schon viel kühler.

Stolz und zufrieden geht die Sandmannfrau dann nach Hause. Ganz schön anstrengend, so schnell eine kalte Grönlandgeschichte zu erfinden, denkt sie. Und vom Geschichtenerzählen ist ihr nun ganz heiß geworden.

216

Doris Jannausch

Das Wettrennen der Schnecken

In einem wunderschönen Tal zwischen Bergen und Wäldern liegt die Wichtelwiese. Dort wohnen die Wichtelmänner, die Wichtelfrauen und natürlich die Wichtelkinder.

Auch Zwickel Zapf lebt auf dieser Wiese. Er hat gelbe Schuhe an, blaue Hosen und ein hellgrünes Hemd. Auf dem Kopf trägt er eine rote Zipfelmütze. Zwickel Zapf ist nicht größer als eine Limonadenflasche. Er wohnt mit seinen Eltern und seiner Schwester Melonchen in einer Hütte aus Tannenzweigen. Im Sommer ist es da angenehm kühl, im Winter schön warm.

An einem sonnigen Sommertag fragt Frau Zapf, die Wichtelmutter: „Wo steckt eigentlich unser Zwickel?"

„Der Lümmel stellt bestimmt wieder etwas an", brummt Herr Zapf, der Wichtelvater. Er ist Kummer gewöhnt.

Und was macht Zwickel?

Zwickel steht breitbeinig mitten auf der Wiese und veranstaltet ein Schneckenwettrennen. Er klatscht in die Hände und ruft: „He, strengt euch an, ihr lahmen Enten! Kriecht schneller, schneller."

„Wir sind keine lahmen Enten", entrüstet sich Hulda von Glibbrich hoheitsvoll. „Wir sind anständige Schnecken. Was mich betrifft, so bin ich sogar von Adel."

Zwickel lacht so laut, daß die Bäume erschreckt ihre Blätter aufrauschen lassen.

„Hochverehrte Frau von Glibbrich", ruft er und macht eine tiefe Verbeugung. „Wenn Sie auch sehr vornehm sind, könnten Sie sich trotzdem ein wenig Mühe geben!"

Die Schnecken strengen sich an. Es geht sehr, sehr langsam.

„Oh, dieser schreckliche Zwickel!" schnauft die alte Zimzirella. „Ich frage mich, wozu man Wichtel überhaupt braucht!"

„Das frage ich mich auch", meint Zwickel und grinst von einem Ohr zum andern. „Aber wir sind nun mal da."

Das Wettrennen dauert viele Stunden. Ziel ist der Haselnußstrauch am Ende der Wiese. Als erste kommt die Schnecke Lutschina an.

„Gewonnen, gewonnen", lispelt sie errötend, denn sie ist ein wenig verliebt in Zwickel. „Was kriege ich?"

„Was möchtest du denn?" fragt Zwickel.

„Einen Kuß von dir", haucht Lutschina.

„Iiii", Zwickel schüttelt sich. „Ich soll eine Schnecke küssen?!"

„Wenn du mich küßt", sagt Lutschina, „dann verwandle ich mich in eine wunderschöne Prinzessin."

Gegen Prinzessinnen hat Zwickel nichts einzuwenden.

Also legt er sich auf den Bauch und küßt Lutschina zwischen die ausgestreckten Fühler. Igitt, wie feucht und glitschig sie ist!

Nach dem Kuß hält Zwickel sich die Ohren zu. Er denkt, daß es nun einen gewaltigen Knall gibt – wie immer, wenn irgendwelche Tiere sich in Prinzen oder Prinzessinnen verwandeln. Doch nichts geschieht.

„Reingefallen!" ruft Lutschina und kichert, daß ihr Häuschen, das sie auf dem Rücken trägt, bedenklich hin und her wackelt.

„Reingelegt!" freut sich Hulda von Glibbrich schadenfroh.

Die alte Zimzirella zischt verächtlich: „Wichteljungen sind doch ziemlich blöd!"

Zwickel stampft wütend mit dem Fuß auf, ballt die Fäuste und schreit: „Na, wartet nur, bald verwandle ich mich in einen riesigen Riesen. Dann könnt ihr aber was erleben!"

Die Schnecken jedoch lachen ihn aus. Sie wissen, daß Zwickel sich ebensowenig in einen Riesen verwandeln kann wie Lutschina sich in eine Prinzessin.

Das ist, wenn ich's mir recht überlege, ganz gut so.

Doris Jannausch

Melonchen und die Himbeeren

Zwickels kleine Schwester ist dick und rund. Deshalb wird sie Melonchen genannt. Wenn Melonchen läuft, sieht sie aus wie eine rollende Kugel. Melonchen futtert nämlich für ihr Leben gern.

Jeden Morgen rennt sie zu den Himbeersträuchern am Waldrand, um nachzusehen, ob neue Beeren reif geworden sind. Wenn sie ihr groß und rot entgegenleuchten, ißt sie alle auf. Keine einzige bleibt übrig. Weder für Zwickel noch für seinen Freund Zwackel, noch für die anderen Wichtelkinder.

„Wir müssen Melonchen das Naschen von Himbeeren abgewöhnen", sagt Zwickel eines Tages.

„Aber wie?" fragt Zwackel.

Beide denken angestrengt nach. Dann schmieden sie einen Plan.

„Wenn das nicht hilft, fress' ich einen Staubsauger", ruft Zwickel zuversichtlich.

Sie beschließen, den Plan sofort in die Tat umzusetzen. Gemeinsam marschieren sie zu Tante Frischmeier. Sie hat einen Kaufmannsladen, weil es einen Supermarkt bei den Wichtelleuten nicht gibt.

Bei Tante Frischmeier kann man die verrücktesten Dinge kaufen: Tautropfenlimonade in Flaschen, die wie Bananen aussehen. Rosenblattkuchen, der die Form eines Fliegenpilzes hat. Honigbonbons, die kleinen Bienen zum Verwechseln ähnlich sind. Pfefferminztabak in Dosen wie große, rotbäckige Äpfel. Was Tante Frischmeier verkauft, sieht immer nach etwas anderem aus, als es in Wirklichkeit ist.

Natürlich gibt es bei ihr auch Himbeeren. Sie liegen in einem Korb und duften wie frischgewaschene Wichtelkinder . . .

„Den wollen wir haben", sagt Zwickel und zeigt auf den Korb.

„Genau den", stimmt Zwackel zu. Sie stoßen sich an und feixen.

„Und wer bezahlt mir das?" fragt Tante Frischmeier.

„Das arbeiten wir ab", verspricht Zwickel leichtsinnig.

Und Zwackel fügt hinzu: „Irgendwann – in den nächsten hundertdreiundzwanzig Jahren!"

Sie schnappen sich den Korb und ziehen ab.

Als es dunkel geworden ist, schleichen die beiden Wichteljungen zu den Sträuchern und stellen den Korb mit den Himbeeren darunter.

„Was macht ihr denn da?" wundert sich Willi, das Eichhörnchen.

„Wir spielen Melonchen einen Streich", antwortet Zwackel. Und Zwickel fügt hinzu: „Mit den Himbeeren hat es eine besondere Bewandtnis!" Mehr verrät er nicht.

Als die Sonne am nächsten Morgen aufgeht, liegen Zwickel und Zwackel auf der Lauer. Es dauert nicht lange, da kommt Melonchen.

„Oh", ruft sie verwundert, „was ist denn das?" Sie betrachtet freudestrahlend den Korb mit den Himbeeren und schlägt die Hände zusammen. „Das ist sicher ein Geschenk von meinem Freund Willi!"

Sie faßt mit beiden Händen in den Korb und stopft sich die Himbeeren in den Mund. Aber – o weh! Plötzlich beginnt sie zu spucken und zu schreien, zu jammern und zu heulen. Sie hüpft und tanzt herum wie eine wildgewordene Rakete.

„Gemeinheit!" brüllt sie außer sich. „Wer hat das getan? Wenn ich den erwische, mache ich Apfelmus aus ihm!"

Zwickel und Zwackel aber hocken in ihrem Versteck und halten sich fest die Hände vor den Mund, um nicht laut loszulachen.

Warum? Nun, vielleicht habt ihr es längst erraten: Die Himbeeren im Korb waren aus Seife.

220

Doris Jannausch

Trara, die Post ist da!

Alle drei Jahre kommt die Wiesenpost. Schon von weitem kann man das Posthorn hören.

„Trara, die Post ist da!" ruft Flitzpiepe, der Briefträger. Er sitzt auf einer Schnecke und läßt sich durch die Gegend tragen.

„Wie altmodisch!" schimpft Tante Frischmeier. Sie hat einen Sohn, der als Hauswichtel in der Stadt tätig ist und von dem sie sehnsüchtig Post erwartet.

„Bei den Menschen fahren die Briefträger mit dem Auto. Jeden Tag. Das hat mir Willi, das Eichhörnchen, erzählt. Und der weiß es bestimmt. Er hat schon mal im Stadtpark gelebt", weiß Melonchen zu berichten.

Flitzpiepe ist nicht mehr der Jüngste. Doch er hängt an seinem Beruf. Freundlich begrüßt er die Wichtel.

„Sie sollten sich wirklich ein anderes Verkehrsmittel zulegen", meint Frau Wittewitt, die Lehrerin. „Wie wäre es mit einem jungen, kräftigen Grashüpfer?"

Doch der alte Flitzpiepe winkt ab.

„Für die fünf Briefe, die ich in drei Jahren auszutragen habe, genügt die Schneckenpost."

„Wieso nur für Briefe?" fragt Zwickel.

Der Briefträger zuckt die Achseln.

„Die meisten erwachsenen Wichtel können nicht lesen und nicht schreiben. Ihr jungen Leute, ja..." er streichelt Zwickel über die Wange, „ihr habt eine

221

Schule. Früher gab es das nicht. Kannst du lesen?" Zwickel nickt. „Dann lies mir bitte diesen Brief vor. Er ist nämlich an mich gerichtet."

„Kannst du denn auch nicht lesen?" erkundigt sich Zwickel.

„Nur die Adressen", antwortet Flitzpiepe. „Der Weg, den ich nehmen muß, ist auf den Briefumschlägen aufgezeichnet. So weiß ich, wer die Post erhalten soll."

„Das ist aber ziemlich umständlich", meint Zwickel, nimmt den Brief und liest vor: „Säär geärter Herr Postministär! Seid hundertzwantzig Jaren warde ich auf einen Prihv von meiner Dochter Schumtata. Wann pringen sie den entlich? Hertzliche Grüse von Schamtutu, Gardenzwerk im Ruhestant."

„Ach du dicke Schnecke!" Flitzpiepe schlägt sich an die Stirn, daß es knallt. „Den Brief von Schumtata an Schamtutu habe ich völlig verschwitzt! Nun muß ich aber ganz schnell weiter. In spätestens vierundzwanzig Jahren muß der gute Schamtutu den Brief von seiner Tochter haben."

„Wie geht es denn dem guten alten Schamtutu?" will Bopfinger wissen. Er ist nämlich ein entfernter Verwandter des pensionierten Gartenzwerges.

„Der steht jetzt im Schuppen hinter einem Haus und raucht sein Pfeifchen", erwidert der Briefträger. „Er fühlt sich ganz wohl dabei. Ich werde ihn von euch grüßen." Er besteigt die Schnecke, stößt ins Horn und ruft: „Trara, trara, die Post war da!"

Langsam, ganz langsam kriecht die Schnecke davon.

„Unmöglich altmodisch", beschwert sich Tante Frischmeier.

Frau Wittewitt stimmt ihr zu.

„Höchste Zeit, daß wir Wichtel etwas moderner werden und mehr lernen!" Sie wendet sich an die Kinder und verkündet: „Bisher habt ihr einen Tag Unterricht im Jahr gehabt. Damit ist es nun aus."

„Hurra", jubeln die Kinder.

„Ab sofort gibt es *zwei* Schultage!" sagt Frau Wittewitt.

„Buuuuuh", machen die Wichtelkinder enttäuscht. Doch es hilft ihnen nichts. Sie müssen wohl oder übel in den sauren Apfel beißen.

Alfred Hageni

Der Löwe als Räuber

Es war dunkle Nacht. Und es regnete. Der Räuber saß auf einer Bank im Park unter seinem Regenschirm.

Im Park stand ein Denkmal. Ein mächtiger Löwe hielt mit seiner Pranke ein Wappen. Auf dem Kopf des Löwen saß eine Krone. Sie war aus Gold. Auf diese Krone hatte es der Räuber abgesehen. Es war still im Park. Die Uhren auf den Kirchtürmen schlugen zwölf. Der Räuber schlich zum Denkmal. Er schaute sich vorsichtig um und lauschte angestrengt. Kein Mensch war zu sehen oder zu hören. Dann kletterte er auf das Denkmal. Leise zog er Hammer und Meißel aus der Tasche. Die Krone glitzerte.

Und gerade wollte der Räuber den Meißel ansetzen, da drehte der Löwe den Kopf. Der Räuber ließ sein Werkzeug fallen und wollte vom Denkmal herunterspringen. Aber er war gelähmt vor Schreck. Der Löwe legte ihm die Pranke auf die Schulter. „Auch Räu-

ber?" brummte er freundlich. „Das trifft sich gut. Ich brauche nämlich einen Kumpel. Komm mit!"

Er gab dem Räuber einen Stups mit der Schnauze und beförderte ihn so vom Denkmal herunter. Der Löwe sprang hinterher. „Hier entlang", sagte er und stupste ihn wieder in den Rükken. Und der Räuber mußte gehen, obwohl ihm die Knie zitterten.

Der Löwe trottete hinter ihm her. „Was raubst du denn so?" fragte er.

„Handtaschen", stotterte der Räuber. Er wagte es nicht, zu lügen.

„Was? Handtaschen?" knurrte der Löwe. „Das ist aber kein anständiges Geschäft! Schau mich an. Ich raube den Kindern die Ängste in der Nacht. Das ist viel schöner."

Vor einem hohen Zaun hielten sie an. „Setz dich auf meinen Rücken. Und halt dich an meiner Mähne fest!" sagte der Löwe. Mit einem mächtigen Satz sprang er über den Zaun. Und mit einem zweiten Satz stand er auf einem Balkon vor einem Fenster. „Spann deinen Regenschirm auf", flüsterte er dem Räuber zu. Er klopfte mit seiner Tatze sanft an das Fenster. Noch einmal und noch einmal.

Im Zimmer ging das Licht an. Ein kleiner Junge saß in seinem Bett und starrte auf das Fenster. Seine Augen waren groß vor Angst und Schrecken.

„Mach ein freundliches Gesicht! Lach und wink!" raunte der Löwe. Der Räuber lachte und winkte und wirbelte seinen Regenschirm herum. Und der Löwe lachte auch und winkte mit seiner Pran-

ke. Und er drückte die Nase an die Scheibe und zwinkerte mit den Augen.

Da verschwand die Angst im Gesicht des Jungen. Seine Augen wurden noch größer, aber jetzt vor Staunen. Er lief zum Fenster. Er preßte die Nase an die Scheibe wie der Löwe. Und er tat, als wolle er den Löwen streicheln. Jetzt lachte auch er.

„Genug", brummte der Löwe. „Wir müssen noch ein paar Häuser besuchen." Am sechsten Haus aber geschah das Unglück. Der Löwe hatte sich im Fenster geirrt. Drinnen im Zimmer lag ein Mann im Bett. Als er den Löwen erblickte, griff er sofort zum Telefon. Mit einem Satz war der Löwe auf der Straße. „Jetzt heißt's rennen", knurrte er. „Telefon mag ich überhaupt nicht. Da sind sie gleich hinter mir her."

Und ab ging es zum Park zurück. Der Räuber sprang vom Rücken des Löwen. Der Löwe hopste auf das Denkmal. Und da raste auch schon die Feuerwehr heran. Neben dem Räuber stoppte der große rote Wagen. „Haben Sie vielleicht einen Löwen gesehen?" fragte ein Feuerwehrmann. „Da soll sich einer in den Straßen herumtreiben."

„Nein. Ich hab' keinen gesehen," sagte der Räuber. „Außer dem da oben auf dem Denkmal." Und das war die reine Wahrheit.

In diesem Augenblick schlugen die Uhren eins. Das Feuerwehrauto fuhr davon. Es wurde still im Park. Der Räuber rieb sich die Augen. Wenn ich das erzähle, glaubt mir's keiner, dachte er.

224

Ingrid Uebe

Finettchen Fledermaus

Auf dem Dachboden des alten Schulhauses wohnte Familie Fledermaus: Vater und Mutter mit ihren fünf Kindern. Das jüngste Kind hieß Finettchen und war ein keckes Ding.

Die sieben Fledermäuse fühlten sich da oben sehr wohl. Sie liebten das alte Gerümpel, das überall herumlag. Sie liebten auch Staub, Schimmel und Spinnweben. Davon gab es mehr als genug.

Tagsüber hingen alle mit den Köpfen nach unten an einer alten Gardinenstange und schliefen. Nachts flogen sie durch ein zerbrochenes Fenster hinaus. Dann flatterten sie stundenlang um die Türme von Kirche und Rathaus. Sie hatten viel Spaß dabei, und sie konnten gar nicht genug davon kriegen.

In einer schönen Mondnacht sagte der Vater: „Heute wollen wir zur alten Burg hinüberfliegen. Alle Fenster sind erleuchtet. Mir scheint, da ist etwas los."

„Hoffentlich wird es den Kindern nicht zuviel", meinte die Mutter.

„O nein, es wird uns bestimmt nicht zuviel", schrien die Kinder.

Die Burg hatte mehrere Türme. Um die konnte man herrlich herumflattern. Und überhaupt wollten sie gern einmal etwas Neues sehen.

Besonders Finettchen hatte große Lust auf ein Abenteuer. Sie schrie am allerlautesten, und sie flatterte allen voran.

Zuerst kreisten die sieben Fledermäuse eine Weile um die Türme der Burg. Die waren sehr hoch. Man bekam ordentlich Herzklopfen dabei.

Dann hängten sie sich zum Verschnaufen an eine Fahnenstange. Von da aus konnte man alles sehen, was in der Burg vor sich ging.

Überall brannten Kerzen. Vornehme Damen und Herren gingen Arm in Arm auf und ab. Die Damen trugen schöne bunte Ballkleider, die Herren feine schwarze Anzüge.

Auf einer Empore saßen vier Musikanten und spielten zum Tanz auf.

„Oh, wie schön!" rief Finettchen. „Auf so ein Fest möchte ich auch einmal gehen. Das müßte herrlich sein."

„Aber nicht lange", sagte der Vater. „Schau nur, was die feinen Leute für Zähne haben. Es sind lauter Vampire!"

„Vampire sind nett", behauptete Finettchen. „Irgendwie sind sie mit uns verwandt. Schließlich können sich Vampire in Fledermäuse verwandeln."

„Ja, aber Fledermäuse nicht in Vampire", sagte die Mutter. „Höchstens, wenn sie gebissen werden."

„Ich glaube nicht, daß sie mich beißen würden", meinte Finettchen.

„Darauf möchte ich es nicht ankommen lassen", sagte der Vater. „So, nun wird noch ein Stündchen geflattert, und dann ab nach Hause!"

Eine Stunde später machte sich Familie Fledermaus auf den Heimweg. Aber nur sechs von ihnen kamen auf dem Dachboden an. Finettchen fehlte.

Finettchen war nämlich auf halbem Weg heimlich umgekehrt und zur alten Burg zurückgeflogen. Sie zögerte nicht lange, sondern schlüpfte durch ein angelehntes Fenster hinein.

Eine Weile saß sie unbemerkt auf der Fensterbank. Dann näherte sich ein weißhaariger Herr und fragte nicht unfreundlich: „Was machst du denn da?"

„Ich schaue zu", antwortete die kleine Fledermaus. „Viel lieber möchte ich allerdings mittanzen."

„So komm!" sagte der alte Herr. „Ich bin der Gastgeber und lade dich ein."

„Das ist nett", antwortete Finettchen. „Ich kann allerdings gar nicht tanzen."

„Du wirst es schon lernen", meinte er. „Aber nun nimm deine wahre Gestalt an!"

Finettchen tippte sich auf die Brust. „Dies ist meine wahre Gestalt", sagte sie. „Ich bin nur eine Fledermaus und sonst gar nichts."

Der alte Herr lachte, daß seine spitzen Eckzähne blitzten. „Soso, sonst gar nichts. Na, dann komm mit!" Da flatterte Finettchen hinter ihm her.

Die Vampire waren sehr groß, und Finettchen war sehr klein. Aber das machte nichts aus. Sie tanzten Polonäse. Der Gastgeber und die Fledermaus führten sie an.

Als der Morgen graute, war Finettchen

noch längst nicht müde. Doch der alte Vampir gähnte und sprach: „Ich werde dich jetzt nach Hause bringen. Ehe die Sonne aufgeht, muß ich wieder zurück sein."

Er sprang behende auf die Fensterbrüstung. Als seine Füße die Mauer berührten, verwandelte er sich in eine riesige Fledermaus. Finettchen lachte. Dann flogen die beiden Seite an Seite ins Dorf hinab.

Finettchens Eltern standen am Fenster und blickten sorgenvoll in die Nacht. Sie waren sehr froh, als sie ihr jüngstes Kind wiederhatten.

„Aber nun marsch an die Gardinenstange!" sagte der Vater. „Wo hast du dich nur herumgetrieben?"

„Ich habe die Kleine im Wald aufgelesen", erklärte der alte Vampir. Aber er gab sich nicht als solcher zu erkennen. „Sie war wohl müde vom Fliegen. Ich habe sie nach Hause gebracht, damit sie nicht irgendwelchem Nachtgesindel in die Hände fällt."

„Zu liebenswürdig!" sagte der Vater. „Sind wir übrigens miteinander verwandt?"

„Höchstens sehr, sehr entfernt", antwortete der alte Vampir. Dann schwang er sich hoch in die Luft. Finettchen hing schon an der Gardinenstange. „Er hat mich gar nicht gebissen!" murmelte sie zufrieden.

„Das wollte ich ihm auch geraten haben!" sagte der Vater.

Ingrid Uebe

Hansi Nagezahn

Im Wald lebte ein Eichhörnchen mit Namen Hansi Nagezahn. Es war ein munteres Kerlchen und machte seinen Eltern viel Freude. Es flitzte die höchsten Bäume hinauf. Es knackte die härtesten Nüsse. Seine Zähne waren spitz und scharf. Kein anderes Eichhörnchen hatte so spitze und scharfe Zähne wie Hansi Nagezahn.

Eines Abends war Hansi noch spät unterwegs. Er hockte im Wipfel einer hohen Tanne und sah zu, wie der Mond aufging. Dabei belauschte er zwei Fledermäuse. Die hingen mit den Köpfen nach unten an einem Ast. Sie sprachen über Vampire.

„Alle Welt fürchtet sich vor Vampiren", sagte die eine.

Die andere fügte hinzu: „Ja, alle Welt fürchtet sich vor ihren spitzen, scharfen Zähnen."

Hansi Nagezahn wurde ganz neugierig. Als die Fledermäuse schwiegen, huschte er zu ihnen hinüber. Er fragte: „Warum fürchtet sich alle Welt vor den spitzen, scharfen Zähnen der Vampire?"

„Sie beißen damit", antwortete die eine Fledermaus.

„Aber wen beißen sie?" wollte Hansi wissen.

„Am liebsten beißen sie Menschen", erwiderte die andere Fledermaus, „aber manchmal auch Tiere."

„Und dann?" fragte Hansi.

„Dann saugen sie ihnen das Blut aus", sagten beide Fledermäuse gleichzeitig.

„Aha!" rief Hansi. „Also deshalb fürchtet sich alle Welt vor den spitzen, scharfen Zähnen der Vampire!"

Die Fledermäuse nickten. Das war gar nicht so einfach. weil ihre Köpfe ja nach unten hingen.

Hansi Nagezahn lief nach Hause. Seine Eltern hatten schon auf ihn gewartet. Er kuschelte sich zwischen sie und sagte: „Wenn ich groß bin, werde ich Vampir. Ich habe genau die richtigen Zähne dazu."

„Aber warum willst du Vampir werden?" fragte der Vater.

„Eichhörnchen sind klein und schwach und laufen vor allem davon", sagte Hansi. „Aber Vampire sind groß und stark und machen, daß die anderen davonlaufen. Das gefällt mir."

In den nächsten Tagen und Wochen tat er alles, um seine Zähne noch spitzer und schärfer zu machen. Er holte sogar einen Kieselstein aus dem Bach. Damit schliff er seine Zähne jeden Abend.

Endlich war Hansi Nagezahn so groß wie Vater und Mutter. Da richtete er sich in einem hohlen Baum eine eigene Wohnung ein. Dort lebte er ganz allein.

Er sagte: „Ich bin jetzt ein Vampir!" Dann legte er sich auf die Lauer und wartete, daß sich alle Welt vor ihm fürchtete.

Zuerst kam Kurt, das Kaninchen, vorbei. Aber Hansi kannte Kurt schon von klein auf. Er hatte überhaupt keine Lust, ihn zu beißen.

Dann kam der Förster vorbei. Dem zeigte Hansi für alle Fälle seine spitzen, scharfen Zähne. Der Förster griff in die Tasche und hielt ihm eine Nuß hin. Hansi nahm und knackte sie. Im Augenblick hatte er keinen Appetit auf Menschenblut.

Schließlich kam ein Eichhörnchen vorbei. Es war ein Mädchen und so niedlich, wie Hansi noch keins gesehen hatte.

„Ich heiße Kiki", sagte das Mädchen. „Und du?"

„Ich heiße Hansi", antwortete er, „und ich bin ein Vampir."

„Huuh!" machte Kiki und wollte davonlaufen.

„Nein, bleib doch!" rief Hansi erschrocken. „Du sollst dich nicht vor mir fürchten. Ich bin eigentlich gar kein Vampir. Das habe ich nur so gesagt."

„Bestimmt?" fragte Kiki. „Aber du hast wirklich sehr spitze, scharfe Zähne."

„Die brauche ich nur zum Nüsseknakken", sagte Hansi. „Warte! Ich werde es dir zeigen."

229

Er huschte in seine Vorratskammer und holte die schönsten Nüsse, die er finden konnte.

Blitzschnell knackte er sie und gab Kiki die süßen Kerne.

Da glaubte sie ihm. Sie zog zu ihm in den hohlen Baum und ging nie wieder fort. Sie bekamen drei Kinder. Hansi Nagezahn zeigte ihnen, wie man Nüsse knackt. Er behauptete nie wieder, ein Vampir zu sein.

Doris Jannausch

Ein seltsamer Fahrgast

Rattata, rattata, rattata. Der Zug fuhr durch die Nacht.

Peter sah auf die Armbanduhr, die ihm Tante Maria zum Abschied geschenkt hatte: fünf Minuten vor elf Uhr.

Morgen früh würde er wieder zu Hause sein. Die Ferien in Südtirol waren zu Ende.

Peter machte es sich in der Ecke des Abteils bequem. Eine trübe Funzel

brannte an der Decke. Ihm gegenüber saß ein dicker Mann mit herausquellenden Froschaugen. Sonst war das Abteil leer. Der Mann fragte: „Wie spät ist es?"

„Vier Minuten vor elf", antwortete Peter. Der Mann sagte nicht einmal „danke", er starrte Peter nur ununterbrochen an, als wollte er ihn verschlingen. Dabei ließ er seine Zunge über die dicken, breiten Lippen gleiten.

Der Zug fuhr nun durch einen Tunnel. Das Licht ging aus.

Rattata, rattata, rattata! Peter drückte sich in die Ecke, es schien ihm, als käme von der gegenüberliegenden Bank, wo der Mann saß, ein eisiger Windhauch.

Endlich ging das Licht wieder an. Gleichzeitig kam der Schaffner und verlangte die Fahrkarte.

„Quaaak!" sagte jemand.

Der Schaffner blickte erstaunt auf. „Wie kommt denn der Frosch ins Abteil?" fragte er.

Gegenüber von Peter saß ein kleiner grüner Frosch, glotzte ihn mit herausquellenden Augen unverwandt an und schnappte mit seinem breiten Maul nach einer Fliege. Dann machte er noch einmal: „Quaaak!"

„Aber vorhin hat da ein Mann geses-sen!" stammelte Peter. Doch der Schaffner meinte kopfschüttelnd. „Unmöglich. Den hätte ich beim Einsteigen sehen müssen." Vorsichtig nahm er den kleinen Frosch in die Hand und sagte: „Den bringe ich meinen Kindern mit."

Nun war das Abteil ganz leer. Nur Peter saß in der Ecke. Es war Punkt elf Uhr. Wie konnte sich innerhalb weniger Minuten ein Mann in einen Frosch verwandeln? Das glaubt mir kein Mensch! dachte Peter und schlief ein.

Der Zug fuhr weiter durch die Nacht: Rattata, rattata, rattata!

Doris Jannausch

Das Gesicht am Fenster

Der Herbstwind tobte um das Hochhaus.

Im obersten Stockwerk lag Thilo und konnte nicht einschlafen. Er fürchtete sich, wenn er es auch nicht zugeben wollte. Und dann klopfte auch noch jemand ans Fenster. Na, wenn das nicht unheimlich war! Denn wer konnte schon im neunten Stock gegen das Fenster klopfen? Höchstens ein Riese. Aber Riesen gab es nicht. Oder –?

Thilo lugte zum Fenster. Ein gelbes, viereckiges Gesicht grinste herein. Es wiegte sich hin und her, hüpfte auf und nieder, als tanze da draußen ein närrischer Clown herum.

„Hilfe!" rief Thilo. „Ein Gespenst will zu mir herein."

Die Eltern stürzten ins Zimmer. Als sie das schreckliche Gesicht entdeckten, erschraken sie ebenfalls. Doch sie faßten sich schnell wieder.

Die Mutter riß das Fenster auf, und der Vater holte das tanzende Gespenst ins Zimmer. Thilo ging vorsichtshalber in Deckung.

„Seht euch das mal an!" Der Vater lachte.

Zuerst traute sich Thilo nicht, aber dann sah er doch hin: Das gelbe Gesicht war aus Papier. Und es hing an einer langen Schnur: ein Drachen!

„Er hat sich an unserem Fenster verfangen", sagte die Mutter. „Sicher gehört er Jürgen." Jürgen war der Nachbarjunge. Als er seinen Drachen wiederbekam, freute er sich sehr.

„Ich habe gleich gewußt, daß dieses viereckige Gesicht ein Drachen war", prahlte Thilo. „Ich fürchte mich nämlich nie."

Aber wir wissen es besser.

Quellenverzeichnis

Die schönste Zeit im Jahr

Ingrid Uebe: Weidenkätzchen
Ingrid Uebe: Der kleine Hase mit den großen Ohren
Ingrid Uebe: Prinzessin Kirschblüte
Ingrid Uebe: Das ist ein Osterei!

aus: Ingrid Uebe, Leselöwen-Frühlingsgeschichten

Ursel Scheffler: Der Dieb in der Osternacht
Ursel Scheffler: Als der Osterhase abgeschafft
    werden sollte
Ursel Scheffler: Die Osterbacke

aus: Ursel Scheffler, Leselöwen-Ostergeschichten

Doris Jannausch: Der Osternikolaus
Doris Jannausch: Der Krampus
Doris Jannausch: Eine lustige Fahrt
Doris Jannausch: Der kleine Nikolaus

aus: Doris Jannausch, Leselöwen-Nikolausgeschichten

Manfred Mai: Höchste Zeit
Manfred Mai: Adventszeit
Manfred Mai: Eine wichtige Frage
Manfred Mai: 29. Dezember
Manfred Mai: Was bringst du mir?

aus: Manfred Mai, Leselöwen-Weihnachtsgedichte

Ursel Scheffler: Ein Pantoffel für den Nikolaus
Ursel Scheffler: So eine Bescherung
Ursel Scheffler: Opa Wolle
Ursel Scheffler: Papa kauft den Weihnachtsbaum
Ursel Scheffler: Das Krippenspiel

aus: Ursel Scheffler, Leselöwen-Weihnachtsgeschichten

Ich und die Welt

Mirjam Pressler: Dunkel ist dunkel
Mirjam Pressler: Zinnsoldaten
Mirjam Pressler: Die Prinzessin in der Nacht
Mirjam Pressler: Die Ärgermacher

aus: Mirjam Pressler, Leselöwen-Trau-dich-Geschichten

Monika Sperr: Der Krümel
Monika Sperr: Mini Man, du kleiner Mann
Monika Sperr: Ach, die ist nichts
Monika Sperr: Der Angeber

aus: Monika Sperr, Leselöwen-Freundschaftsgeschichten

Mirjam Pressler: Janni und die neue Oma
Mirjam Pressler: Der Großmama-Besuch
Mirjam Pressler: Moritz und seine Omi
Mirjam Pressler: Der Brief

aus: Mirjam Pressler, Leselöwen-Omageschichten

Edgar Wüpper: Leckerli
Edgar Wüpper: Tumult im Supermarkt
Edgar Wüpper: Post vom Bach
Edgar Wüpper: Die Glücksschwalbe

aus: Edgar Wüpper, Leselöwen-Umweltgeschichten

Irina Korschunow: Keine Angst vor Türken
Irina Korschunow: Der Hund heißt jetzt Stummel
Irina Korschunow: Das Schwimmbad ist für alle da
Irina Korschunow: Ein Schiff im Park

aus: Irina Korschunow, Leselöwen-Stadtgeschichten

Margret Rettich: Die Treibjagd
Margret Rettich: Die Kuh
Margret Rettich: Der Tümpel

aus: Margret Rettich, Leselöwen-Dorfgeschichten

Schule und Freizeit

Irina Korschunow: Meine Lehrerin mag mich nicht
Irina Korschunow: Vielleicht wird alles gut
Irina Korschunow: Florian kommt mit zum Schulausflug

aus: Irina Korschunow, Leselöwen-Schulgeschichten

Hans Gärtner: Sonderbarer EinkaufsZL
Hans Gärtner: Wenn das e und das i keine Freunde
    mehr wären
Hans Gärtner: Das b und das o
Hans Gärtner: Klasse! Eine ABC-Klasse

aus: Hans Gärtner, Leselöwen-ABC-Geschichten

Irina Korschunow: Lieber Regen als Stau

aus: Irina Korschunow, Leselöwen-Feriengeschichten

Ursel Scheffler: Mathematik im Zirkus
Ursel Scheffler: Der Zauberer Canini-Canoni
Ursel Scheffler: Barnabas, der Feuerschlucker
Ursel Scheffler: Das Pony Johnny mit dem Dickschädel

aus: Ursel Scheffler, Leselöwen-Zirkusgeschichten

Irina Korschunow: Das Auto ist weg
Irina Korschunow: Mädchen können das auch
Irina Korschunow: Die Parklücke

aus: Irina Korschunow, Leselöwen-Autogeschichten

Spiel und Spaß

Hans Baumann: Neues von der Affen-Olympiade
Hans Baumann: Bubu, der König von Bibilon
Hans Baumann: Das Zirkuszaubererkonzert

aus: Hans Baumann, Leselöwen-Spaßgeschichten

Manfred Mai: Wer tut was?
Manfred Mai: Der Schwarze Mann
Manfred Mai: Bücherwurm
Manfred Mai: Ein Brüllschwein
Manfred Mai: Ja wenn!
Manfred Mai: Beweis

aus: Manfred Mai, Leselöwen-Spaßgedichte

Hans Baumann: Ich, der Kasperl, und der Eiszapfenseppl
Hans Baumann: Ich, der Kasperl, und die Nuß

aus: Hans Baumann, Leselöwen-Kasperlgeschichten

Josef Guggenmos: Was Schönes zum Wegwerfen
Josef Guggenmos: Der Rechte
Josef Guggenmos: Riesengroß und wunderschön
Josef Guggenmos: DER, DIE und DAS

aus: Josef Guggenmos, Leselöwen-Rätselgeschichten

Hans Gärtner: Kinderwitze

aus: Hans Gärtner, Leselöwen-Kinderwitze

Auf vier Pfoten

Gina Ruck-Pauquèt: Flitz, der Goldhamster
Gina Ruck-Pauquèt: Das fremde Tier
Gina Ruck-Pauquèt: Die Schildkröte
Gina Ruck-Pauquèt: Der Gockel
Gina Ruck-Pauquèt: Kleiner Bruder Hund

aus: Gina Ruck-Pauquèt, Leselöwen-Tiergeschichten

Monika Sperr: Sonja weint
Monika Sperr: Wie die Wilden

aus: Monika Sperr, Leselöwen-Hundegeschichten

Gina Ruck-Pauquèt: Wintergeschichte
Gina Ruck-Pauquèt: Moses und der Fremde

Gina Ruck-Pauquèt: Katzenzauber
Gina Ruck-Pauquèt: Katz und Maus

aus: Gina Ruck-Pauquèt, Leselöwen-Katzengeschichten

Anna Müller-Tannewitz: Der rotgelbe Wald
Anna Müller-Tannewitz: Die Treibjagd
Anna Müller-Tannewitz: Der weiße Hase

aus: Anna Müller-Tannewitz, Leselöwen-
   Hasengeschichten

Sigrid Heuck: Lilliput
Sigrid Heuck: Der schlaue Rico
Sigrid Heuck: Das Ponygespenst

aus: Sigrid Heuck, Leselöwen-Ponygeschichten

Ilse van Heyst: Das Kamel hatte Heimweh
Ilse van Heyst: Lindolf zeigt die Zunge
Ilse van Heyst: Oskar, der Gorilla-Mann

aus: Ilse van Heyst, Leselöwen-Zoogeschichten

Wenn es dunkel wird

Doris Jannausch: Nachts auf der Wiese
Doris Jannausch: Drei rosarote Ferkelchen
Doris Jannausch: Der Riese Dünnstiel
Doris Jannausch: Die Sandmännchenfrau

aus: Doris Jannausch, Leselöwen-Gutenachtgeschichten

Isolde Heyne: Wenn ein Sandmann baden geht
Isolde Heyne: Der verschnupfte Anton

aus: Isolde Heyne, Leselöwen-Sandmännchengeschichten

Doris Jannausch: Das Wettrennen der Schnecken
Doris Jannausch: Melonchen und die Himbeeren
Doris Jannausch: Trara, die Post ist da!

aus: Doris Jannausch, Leselöwen-Wichtelgeschichten

Alfred Hageni: Der Löwe als Räuber

aus: Alfred Hageni, Leselöwen-Räubergeschichten

Ingrid Uebe: Finettchen Fledermaus
Ingrid Uebe: Hansi Nagezahn

aus: Ingrid Uebe, Leselöwen-Vampirgeschichten

Doris Jannausch: Ein seltsamer Fahrgast
Doris Jannausch: Das Gesicht am Fenster

aus: Doris Jannausch, Leselöwen-Gruselgeschichten

Leselöwen-Geschichten

Kurze Geschichten namhafter Autoren für Leseanfänger und zum Vorlesen.
In Großdruckschrift, mit vielen Illustrationen.

Leselöwen-Geschichten

Kurze Geschichten namhafter Autoren für Leseanfänger und zum Vorlesen.
In Großdruckschrift, mit vielen Illustrationen.

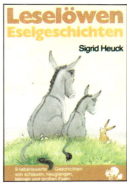

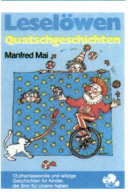